DECLARATION

DE IEAN

DE LABADIE,

CY-DEVANT

PRESTRE, PREDICATEVR ET CHANOINE D'AMIENS.

Contenant les raisons qui l'ont obligé à quitter la Communion de l'Eglise Romaine pour se ranger à celle de l'Eglise Reformée.

Et le recit de son Apel & de son affranchissement par Iesus Christ, sa grace, & sa verité selon ces mots,

Si vous persistez en ma parole, vous serez vrayment mes Disciples, & connoistrez la verité, & la verité vous affranchira.
Iean 8. verset 31. 32.

A MONTAVBAN,
Par PHILIPPE BRACONIER, Imprimeur de l'Academie, & Marchand Libraire. 1650.

Avis aux vrais Fideles.

PVisque les choses saintes sont pour les Saints, & que Iesus defend de les donner aux chiens, & de ietter les perles devant les pourceaux; i'ay creu que dans l'exposition des graces qu'il a pleu à Dieu de me faire dans ma sainte delivrance, ie devois user de discernement, & tesmoigner d'abord que ie ne pretendois pas la presenter aux infideles , de peur qu'ils ne les foulët aux pieds. Toutes causes ont leurs iuges & leurs tribunaux , & ne sont point sous mesmes ressorts. Les impies ne sont pas propres à iuger de la pieté, les irreligieux de la religion , ni les infideles de la foy.

Ces sortes d'affaires demandent des iuges de leur nature , & qui y soyent entendus & par science & par experience, estans d'autant plus propres à sentir bien d'elles, qu'ils les sentent mieux en eux. A moins qu'un cœur soit esclave de la foi , il est libertin au lieu d'estre libre , & quand il n'en est pas

Matth.
9.

2. Cor.
10
Philip.
3.

A 2

bien eſclairé, il eſt fort aveugle. Or qui vit iamais aveugle iuger des couleurs, ou qui s'en tinſt à ſon iugement? & qui eſt-ce qui accepte pour arbitre d'une affaire, un homme qui ne l'entend pas? Il y a meſme cette difference, qu'un ſçavant & ſage du monde, ne l'eſt pas de Dieu; & que la prudence de la chair devant lui n'eſt pas ſeulement une inimitié, mais une folie.

Dieu l'a reprouvée par ſon Prophete, & l'a rejettée par ſon Fils. S. Paul l'a recuſée pour iuge, & a mieux aimé paroiſtre fol que ſage à ſes yeux. C'eſt ſans doute pource que les yeux de Dieu la iugeoint folle, & que ce que le monde eſtimoit fol, eſtoit ſage devant Dieu, & que ce qui eſtoit fol de Dieu ſelon le iugement charnel eſtoit plus ſage qne le monde. Ieſus faiſant une ſolennelle recuſation de cette ſageſſe humaine confeſſe & loue ſon Pere, de s'eſtre manifeſté aux idiots, & de ce que cachât ſes ſecrets & aux ſçavans & aux grãds, il les revele aux ignorans & aux petits. Mieux vaut une obſcure nuiĉt de la foi pour y voir clair, qu'un plein iour de ſcience humaine qui esblouyt, l'Apoſtre adiouſte qui enfle, & par conſequent n'empeſche pas moins de bien voir, que fait l'esblouiſſement.

Rom.
8.
1. Cor.
3.
Eſ. 29.
& 33.
1. Cor.
1. 2. &
3.

Matt6.
11.
Luc 10.

1. Cor.
8.

Reiettant donc avec l'Evangile cette fauſ- Matth.
ſe lumiere, laquelle n'eſt que tenebres, i'oſe 6.
porter cét ouvrage aux yeux de la foi, & en
eſtant un legitime effect, le lui preſentant, ie
le preſente à ſon legitime iuge. Ce n'eſt pas
que ie cherche l'aveuglement & l'ignorance
pour iuge, ſi ce n'eſt qu'on nie que la
foi ſoit lumiere & ſcience, ou qu'on vueil-
le dire que de grands fideles, ſoyent de grands
ignorans, & de grands aveugles : mais ie
cherche un tribunal propre à mon affaire, &
une intelligence, qui ne ſoit pas ſeulement
intelligence, mais l'intelligence qu'il faut.
Il eſt certain qu'à moins de la trouver telle,
ma cauſe tombe en mauvaiſe main, & que ie
n'en attens point le gain d'un iuge, qui ne
l'entend pas.

La foi & la pieté comme ſeules ſçavantes
en ces matieres, en peuvent iuger. Ie leur
addreſſe cét ouvrage comme leur ayant rapport, & leur eſtant deu. Ainſi qu'elles y ſont
intelligentes, elles y ſont des-intereſſées.
Le cœur qui n'en ſera pas rempli, en peut iuger le mien vuide, ſur tout s'il a plus d'égard
à ſa diſpoſition qu'à la mienne. Eſtant obligé
de deſcouvrir des graces que Dieu m'a faites,
il me pourra croire ou menteur ou vain, &

prendra pour foibleſſe & pour ſonge ce que ie
recite, s'il s'en tient à faire (comme l'on dit)
l'eſprit fort , & ne veut rien croire que ce
qu'il voit , ou qu'il veut.

Pour ce qui regarde la propre louange, i'ai
mon Apologie toute preſte contre ſon blaſme,
telle que me l'a faite l'Eſcriture. Moyſe y
raconte ſa grace & ſa miſſion , & les merveilles de Dieu en lui & par lui , ſans crainte de ſe vanter , non plus que de mentir,
avec le ſeul but d'y glorifier Dieu , auquel il
a viſé , & qu'il a atteint. David y recite
ſes combats & ſes victoires, la deſlivrance
de ſes dangers , & l'abondance meſme de
ſes conſolations , ſans ſe complaire vainement
en leur ſouvenir , & beaucoup moins en ſon
chant ; & ſans en tirer autre gloire , que
celle que lui, & que toutes les creatures doivent à leur Createur , auquel il en paye pour
ſoy & pour elles le tribut.

Les Prophetes obligez à ſe faire connoiſtre
pour faire connoiſtre Dieu, & à deſcouvrir au
monde leur envoi, pour deſcouvrir celui qui
les envoyoit, ne font pas difficulté d'y declarer, l'un la purification ſurnaturelle de ſes levres, & la veue du Tres-haut ; l'autre ſa
ſanctification dés le ventre de ſa mere , celui-

ci ses visions divines, celui-là ses songes, & Ierem.
I.
tous ensemble que Dieu leur a parlé, &
qu'il parle aux hommes par eux: sans se mettre en peine si on les iuge ou des fourbes ou
des sols, & si la temerité humaine les accuse
de mensonge, lors qu'ils ne disent que la verité; ou de vaine & propre gloire, lors qu'ils
ne cherchent que celle de Dieu.

Les Prophetes du Nouveau Testament qui
sont les Apostres, se sont publiez au besoin
ceux qu'ils estoient, & ne se sont point désa- Actes
2. 3. 4.
&c.
vouez tels que Dieu les avoit faits. Ils ont
dit, aussi bien que fait, leurs miracles mesmes, & ont rendu public tesmoignage & de
leur esprit & de ses dons, s'en disans remplis,
lors qu'on les disoit pleins de vin; & souste-
nans estre obligez à lui obeyr & le suivre, à
peine de desobliger & de quitter la Synago- I. Cor.
I2.
gue. Sainct Paul qui parle souvent pour eux
tous, & en la personne duquel tous aussi
parlent, ne craint point, en mille endroits,
de se donner mille louanges, qu'il rapporte
en dernier ressort plus à Iesus Christ qu'à soi;
& ne laisse pas mesme en plusieurs de raconter jusqu'à ses ravissemens, & jusqu'aux plus
grands secrets, que le Ciel sembloit lui avoir
fié en secret, & qu'en disant mesme, il advoue
ne pouvoir pas dire.   A 4

Qu'apres cela on estime les serviteurs de Dieu glorieux, quand ils glorifient Dieu en eux ? qu'on les estime vains, quand ils sont obligez d'estre veritables ? & qu'on iuge leur simplicité sottise, quand ils sont tenus d'estre sinceres ? Ceux qui liront cét escrit avec dessein de le censurer, me feront plaisir de me communiquer leurs censures, afin ou que je corrige mes deffauts, s'ils m'en indiquent de vrais, ou que ie corrige les leurs, s'ils s'esloignent de la verité. Ie la crois dire si pure que je deffie la conscience de ceux qui sçauent les choses, & celle mesme de ceux qui ont mes papiers (puisque Dieu a permis qu'ils soient tombez entre leurs mains) de m'accuser de mensonge, si eux mesmes n'y veulent tomber, & de prouver que mon Apel soit autre, s'ils se sont donnez le loisir de le descouvrir.

Ie le découvre sincerement en cét ouvrage, puis que i'y suis obligé; & quoi qu'il semble bien long pour ne raconter qu'un Apel, on se peut asseurer qu'il est court, veu les affaires qui y sont plustost indiquées, que traittées. Quoi que i'aye perdu les nombreux memoires que i'en avois, ma memoire m'en fournit Dieu merci encore assez, pour suppléer à leur def-

faut, & pour esclaircir par des particuliers
narrez, des points que ie n'y touche qu'en general. I'attens que l'envie & la calomnie,
qui sont tousiours accompagnées de la temerité
& du mensonge, me donnent suiet de découvrir plusieurs veritez, que la charité & la
sagesse me feront taire, si la necessité de leur
defense ne me fait parler.

Il y en a d'autres que la iustification d'autruy plustost que la mienne est pour m'aracher.
Si ie suis obligé de les produire, ie ne le ferai
que contrainct, & forcé par des motifs, dont
ie ne pourrai pas me dedire. Ie ne veux de
mal qu'aux erreurs, & non pas aux personnes.
I'ayme l'ouvrage de Dieu en elles, lequel Dieu
y ayme, & non pas le leur propre, qu'il y
hait. Tant que ie pourrai, ie separerai le crime
des Autheurs, & combatrai le vice en eux
sans les toucher. Pour rude que ie leur puisse
estre ou plustost sembler, ie leur promets bien
que ie leur serai plus doux qu'ils ne m'ont esté,
& ne me sont, & que tant que ie pourrai ie
ne ferai que m'en prendre à leurs vestemens,
qui sont leurs superstitions & leurs abus, sans
egratigner mesme leur peau.

Il m'est superflu de dire, qu'on trouve bon
que ie die le vrai comme il merite, c'est à dire

un peu fortement. Les veritez de foi & de pieté sont trop importantes, ou pour n'estre pas dites, ou n'estre dites que foiblement. Elles n'entrent pas en ce têps bien dans les cœurs si elles n'y sont poussées; & n'y tiennent gueres, si on ne les presse. C'est pourquoi il est besoin mesme par fois de trois paroles où il n'en faudroit que deux, si on avoit à faire à des oreilles qui entendissent, & à des esprits qui comprinssent bien. Ie tasche à ne les multiplier pas, mais aussi ie ne mets pas l'esprit de Dieu en prison entre des syllabes, & ne contraints pas la verité d'estouffer un bon mot alors qu'elle le suggere.

Ie n'ay jamais veu qu'un cahier volant donnast connoissance de grande chose, ou qu'il fit grande impression en courãt. C'est bon à une Gazette de ne tenir pas plus d'une fueille, & à une chanson d'estre leue & apprise en mesme momẽt: Vn escrit de pieté veut plus de temps, comme il en couste aussi plus, & demande un lecteur aussi bien qu'un escrivain qui se donne du repos. Quãd un pieux recit est trop court ou trop pressé, ilne donne ni contentement à ses amis, ni peine à ses ennemis, les uns n'en restans gueres édifiez, les autres ne travaillans pas beaucoup a le destruire. Il est bon de dõner aux

uns dequoi ruminer, & se sustenter en paix,
aux autres dequoi ronger, & se battre.

Il est vrai que cette premiere partie de ma
declaration, qui n'est proprement qu'un recit
de mon Apel & de mon affranchissement,
n'est pas ce semble un theatre & champ de
bataille; mais pour simple qu'en soit l'exposi-
tion, qui ne sçait que de grands combats se
donnent souvent en raze campagne, & qu'on
ne laisse pas de contester beaucoup pour un
gazon? ie donne de bon cœur la carte blanche,
& me declare pour cét effect ouvertement
contraire à l'erreur, pour dire que Dieu me
fait appareillé à combatre pour la verité. Il
n'est plus temps que ie sois pris comme neutre,
puis que Dieu m'a engagé dans son parti, de peur
que mon trop de patience & de silence, ne me
fasse soupçonner non seulement de foiblesse,
mais de lascheté.

Mon Dieu c'est vostre cause, pourquoi fuyr Esai. 3.
sa deffense? pourquoi dilayer la publication 5. &c.
de son droit, & apres sa publication sa pour-
suite? Les renards sont venus qui ont ven- Ierem.
dangé ta vigne, & la vigne de ton Fils, qui 12. &c.
est ton Eglise son Espouse; pourquoi donc ne
pas crier apres eux? pour n'encourre pas Esaye
le blasme du chien qui ne veut & ne peut 56. &c.

Pſe.78. pas aboyer? Les eſtrangers ſont venus, qui ont diſſipé ton heritage, & prophané ton Temple Saint, mettans ta Ieruſalem en deſolation & en deſordre, comment donc ne pas s'employer à la relever, & ne pas faire ſon devoir pour ayder à baſtir ton Temple? Les mercenaires ont perdu tout ton troupeau, comment les

Pſe.78. voir faire & ne pas en avoir pitié? Comment leur ſouffrir des aigneaux en leurs mains & ſous leur couſteau, ſans s'efforcer de les en tirer? Et comment voir eſpandre ton ſang & le leur, ſans pour le moins crier qu'ils ont tort?

Conſolez vous fideles de Ieſus heureuſement retirez du carnage, & eſchappez de la boucherie. Conſolez vous de ne pas porter un ioug, qui aſſomme tant d'aigneaux, & les aſſommeroit quand meſme ils ſeroyent des bœufs : Conſolez vous de n'eſtre pas ſous des Paſteurs dont la houlette eſt d'or pour eux, & de fer pour leurs troupeaux : Conſolez vous d'eſtre dans un bercail où vous trouvez & des retraittes & des paſtures ; où les bergers

Iean 10 ſont entrez par la porte comme Paſteurs, & non point par le toiЄt comme voleurs, & qui vous donnent comme bons Paſteurs leurs vies & leurs labeurs, & ne vous depouillent pas

non seulement de voſtre laine : mais de voſtre peau , pour vous manger iusques aux os.

Prenez suiet de voſtre bon-heur , de plaindre le mal-heur de vos pauvres freres, & d'e-
ſlever sans ceſſe les mains au Souverain liberateur, qui vous a affranchis, afin qu'il les af-
franchiſſe. Ils sont tellement captifs , qu'à
peine peuvent ils respirer pour avoir aſſez de
force pour se plaindre , He ! comment en au-
ront ils pour se relever ? Les erreurs detien-
nent ceux qui ne les connoiſſent vas, & les
rigueurs ceux qui les connoiſſe , & ainſi
ils sont tous également sous les fers en esclaves ou volontaires , ou contraints. Ay-
dez à soulager la pesanteur de leurs chaisnes
ſi vous ne les pouvez pas rompre ; & puis que
soit la rupture, soit l'adouciſſement, n'en peut
venir que de Dieu , employez les vœux du
cœur , où la force des mains ne peut rien.

C'eſt à leur occaſion principalement que
i'ai fait ce que i'ay fait par le paſſé, & que ie
fais ce que ie fais à present, afin qu'il plaise
à Dieu, qui m'a attaché à leurs secours de me   Philip.
donner d'accomplir, ce que lui mesme a com-   2.
mencé , & que ie ne peux accomplir sans lui,
qui donne le commencement & l'accompliſſement de toute bōne œuvre. Dés que ie vous au-

*rai & leur aurai rendu compte de mon Apel,
ie vous rendrai & leur rendrai compte de ma
foi, & sans plus rien tenir de couvert des veritez que ie ne leur ai fait voir qu'à demi, ie
tascherai de leur en lever tellement tous les
rideaux, dans le reste des œuvres qu'il plaira
à Dieu que ie mette au iour, qu'ils les verront
toutes au visage. Plaise à Dieu de les leur
faire aymer, puis que c'est à lui, quelque connoissance qu'on ait de sa verité, d'en donner
l'amour, & d'en exciter l'ardeur, aussi bien*
Eph. 1. *que d'en espandre la lumiere.* Afin, comme dit
l'Apostre, que le Dieu de gloire & Pere
de nostre Seigneur Iesus Christ donne à
tous l'Esprit de sapience & de revela-
tion pour le cónoistre, les yeux du cœur
illuminez, pour comprendre la grande
esperance de nostre vocation, & qu'elles
sont les richesses de la gloire de son heritage, en ses saints. Et en particulier la
grandeur eminente de sa puissance vers
nous & sur nous qui croyons par l'efficace de sa grace & vertu qu'il a operée
en Iesus Christ & par Iesus Christ en
nous.

DECLARATION
DE IEAN
DE LABADIE,
CI-DEVANT PRESTRE,
PREDICATEVR ET
Chanoine d'Amiens.

Contenant les raisons qui l'ont obligé à quitter la Communion de l'Eglise Romaine pour se ranger à celle de l'Eglise Reformée.

Et le recit de son Apel & de son affranchissement par I. Christ, sa grace, & sa verité selon ces mots,

Si vous persistez en ma parole, vous serez vrayment mes Disciples, & connoistrez la verité, & la verité vous affranchira. Iean 8, v. 31. 32.

CHAPITRE PREMIER.

Quelques necessaires reflexions sur ces paroles touchant Iesus liberateur. Sathan & le monde tyrans. La Synagogue dominante. Les Iuifs asservis & affranchis. Asservis par la Synagogue & par l'erreur. Affranchis par Iesus & la verité.

'EST Iesus souverainement libre, & Souverain liberateur, libre comme Dieu, & liberateur

comme Dieu-homme, qui prononce en faveur des enfans de Dieu, faits serfs du diable, cét arrest de vraye liberté, & de parfait affranchissement, lequel il est venu non seulement porter, mais executer lui mesme.

Iesus estant Dieu, & par consequent libre comme Dieu, à la liberté duquel il n'en est point de semblable, selon qu'il est escrit. *Que là où est l'esprit du Seigneur, là est la liberté, & que le Seigneur Dieu des vengeances agit librement;* a peu comme souverainement libre, liberer ce qui estoit serf, & par l'absoluë puissance, qu'il a & au ciel & en la terre, tirer des fers & du cachot, ceux qu'il a tirez du neant.

L'effect en a paru en sa grande fonction, non seulement de libre comme Dieu, mais de liberateur comme Dieu-hôme, selon que l'appelle toute l'Escriture, & que reconnoist toute la foi, lors que comme exempt du peché, & separé des pecheurs, Pontife saint & Aigneau sans macule, sur lequel Sathan n'a point eu de prise; & d'ailleurs Roi souverain & tres-fort, digne de porter le nom de vainqueur

vainqueur du diable, detructeur de son œuvre, & de celui qui se haste pour lui enlever sa proye ; il est venu en effect comme plus fort, forcer le corps de garde de ce fort, rompre ses prisons, délivrer ses prisonniers, & l'attacher lui-mesme aux liens, dont il les tenoit attachez. C'est ici que toute Ecriture ancienne & nouvelle fait merveilles, & à depeindre nostre servitude, & à publier nostre delivrance; nostre servitude par le premier homme, nostre delivrance par le second; nostre captivité sous Sathan & le peché, nostre liberté sous Iesus Christ & sa grace, faisant glorieusement triompher de lui & de nous, l'unique liberateur Iesus, qui seul libre entre les morts, tire les morts du sepulchre, délivre du lac inferieur ceux qui y croupissét, fait revomir à l'enfer ce qu'il croit avoir devoré, depoüille le prince de ce monde, & enlevant les vaisseaux dont il s'estoit emparé, pour les faire servir à ignominie, les nettoye lui-mesme pour les faire servir à honneur.

Les Iuifs selon la chair, accoustumez

B

à seruir de corps , estoient quasi tousiours serfs d'esprit. S'ils estoient des enfans de Sara libre d'vn costé, ils estoient
des enfans d'Agar seruante de l'autre,
& quoy que sortis d'Egypte, ils estoiēt
tousiours sous la seruitude de Sathan &
du peché , Roys plus fascheux que Pharaon. Ce peuple le principal & le plus
considerable de la terre, portoit la figure de tous les peuples de la terre; &
comme recueillant en sa petite Iudée
l'vniuers, representoit par son assemblée, tout le genre humain.

Sa longue & continuelle seruitude
au dehors sous des tyrās & Rois estran-
gers, & sa longue & continuelle seruitude au dedans sous la Loi & le peché,
sous la lettre tuante sans l'esprit viui-
fiant, & sous l'ignorance, l'erreur, & les
convoitises; figuroit parfaitement bien
la generale seruitude de tous les hómes
sous Sathan , & sous le monde. Par les
maximes Evangeliques qui portent,
*Que qui est vaincu de quelq'vn , est son
esclave, & Que qui fait le peché, devient
son serf,* ayans esté tous vaincus du diable en Adam , & ayās peché en lui , &

Galat.
4.

2 Cor.
3.

Pierre
2.
Iean 8.

en nous, tant par ſon peché que par les
noſtres, nous avons tous eſté de vrais
eſclaves; & ayans perdu en luy & en
nous noſtre franchiſe, n'eſtans plus ni
ſerviteurs de Dieu ni nos maiſtres, n'a-
vons eſté que valets du diable.

Nos miſeres dans cét eſtat (comme
des eſclaves ne peuvent eſtre que miſerables) ont eſté tres grandes. Le peuple
Iuif aſſervi les a touſiours repreſentées,
& ſes grandes plaintes ſoit en Egypte,
ſoit en Babylone, n'ont eſté que les ex-
preſſions de nos douleurs, ſi nous avons
ſceu cognoiſtre nos playes. Laiſſant là
les maux particuliers, dont ils ſe ſont
plaints, le gros de leurs lamentations a
eſté leur ſervitude, comme en effet elle
eſtoit la ſource de toutes leurs autres
douleurs, & nous pouvons dire qu'en
demandant la gueriſon de leurs maux,
& ſe plaignant de leur eſclavages, ils les
deſcouvroient tous en vn ſeul, en ma-
nifeſtant l'origine.

De fait ils n'eſtoient ſous le joug des
œuvres, & des maiſtres des œuvres,
que pour ce qu'ils eſtoient ſous le joug
de l'eſclavage. Ils neſtoient grondés &

Exode
1. 2. 3.

batus, que parce qu'on les regardoit côme des esclaves; Et s'ils n'estoient ni cô-
siderez ni escoutez, c'est pour ce qu'ils
estoient serfs, & que des serfs, ne sont
ni considerez ni escoutez chez leurs
maistres. Se trouvans en quelque façon
dans la condition & les emplois des
bestes de charge, ils sembloient en meriter le traitement, & c'est pour cela que
les injures & les coups estoient leur salaire; La pauvreté leur sort, & les lar-
mes leur partage. Il me faudroit transcrire icy des Pseaumes entiers de David
& plusieurs longs chapitres des Prophetes, si je pretendois prouver ce qui
est clair de soy mesme; Que la servitude
est la condition des malheureux, & que
cét estat particulier a esté la cause generale de toutes les plaintes, aussi bien
que de toutes les douleurs d'un peuple,
qui l'a si long temps souffert.

Ce que ie viens d'en toucher, fait à mô
sujet, & m'oblige à dire que la servitude
spirituelle, laquelle la temporelle & spirituelle tout ensemble de ce peuple a
figuré, est certainement la source de
tous les maux que souffrent les ames,

& la vraye cauſe des juſtes gemiſſe-
méns que pouſſe contre ce jõug leſ-
prit de la liberté des enfans de Dieu 2. Cor.
qu'elles ont & qu'elles ſentent. *Où eſt* 3.
l'eſprit du Seigneur, là eſt la liberté,
ſi on ne l'etouſe. S'il ne l'a pas bien entiere, il eſt en droit de l'avoir. S'il eſt em-
peſché, il fait effort pour l'acquerir &
pour le moins il reſiſte. Il faſche à cét
eſprit tout monarque & tout ſouverain,
d'eſtre valet. Eſtant né pour dominer,
il ne peut ſervir, que contraint; & s'il
faut qu'il ſerve à quelqu'un, il ne peut
ſervir qu'à Dieu, auquel ſervir eſt regner.
Tout autre joug que le ſien, lui eſt pe- Matth.
ſant, & il n'ayme que celui que Ieſus 11.
appelle leger. L'empire infernal &
mondain lui eſt auſſi cruel qu'eſtranger,
& s'il le porte, ce n'eſt qu'à côtre cœur Rom.
& à regret, comme toute creature por- 8.
te, celui du peché, ſous lequel S. Paul
dit, qu'elle gemit.

L'eſtat ſervil du corps comprend cent
maux corporels, & l'eſtat ſervil de l'eſprit, en enferme mille. Vn corps n'a pas
tãt d'endroits à eſtre bleſſé qu'un eſprit,
& ſes playes ne ſont ni ſi cuiſantes, ni ſi

dangereuses. Quand la tyrannie de Satan & du monde, s'est assujetti par quelque voye que ce soit un cœur, c'est une chose horrible à voir, que la cruauté du bourreau, & c'en est vne pitoyable à considerer, que l'affliction du patient, Il n'y a ni gesnes, ni feux qui egalent ces suplices, ni cruauté d'homme ou de beste, comparable à celle de ces deux tyrans. Le joug en est si furieux, que Iesus mesme ne parlant que de l'humain l'a nommé insuportable, & se disant venu pour liberer & guerir, a protesté qu'il ne rencontroit pas seulement des espaules chargées & lasses, mais des cœurs & des os brisez.

Tels estoient ces pauvres Iuifs, qui avoient creu en ses paroles, ausquels il adresse celles ci. *Si vous tenez bon (leur dit il) & persistez en ma parole, vous serez mes vrais Disciples, & cognoistrez la verité, & la verité vous affranchira.* Outre qu'ils avoient esté les esclaves de Satan par le peché Originel, & en suite par leurs propres pechez actuels, par leur incredulité & le domaine de la convoitise, ensevelis comme tels dans l'ignorance & l'erreur, qui leur estoient de tres obscures prisons; ils avoient esté où estoient encore esclaves du monde & des hommes, ou (pour mieux dire & tout comprendre sous un mesme nom) esclaves du monde humain & du monde Pharisaïque, de la Sinagogue & de son grand regne, dont un tel homme que Caïphe estoit le Roy, & le grand Sinhedrin ou assemblée des Princes des Prestres & des Docteurs estoit le corps; sous la tyrannie desquels tout le nouvel Israël assujetti gemissoit, plus que l'ancien sous l'Egypte; & envelopé des tenebres d'infinies traditions & de loix humaines, comme entouré de noires ombres , & enfermé de cent prisons, croupissoit comme un Ioseph en sa cisterne, & un Daniël en sa fosse.

D'un costé la bonté & la simplicité de ces aigneaux, & de l'autre leur ignorance & leur credulité, donna sujet à la malice & à l'orgueil de l'empire Pharisaïque de les dominer. La Sinagogue rencontrant un peuple ignorant, l'abusa, & acheva d'aveugler ce louche. Le trouvant simple, elle le fourba, & le

voyant humble & docile, prist plaisir à
lui faire croire tout ce qu'elle voulust, &
en faire aussi bien son joüet, que son tro-
phée. De là vint qu'elle le tourna à toute
superstition & pieté hipocrite côme une
beste apprise à faire ses tours. Qu'elle
lui fist quitter les loix de Dieu pour prendre les siennes. Qu'elle lui apprist à ju-
rer par le tronc du Temple, plustost que
par le Dieu mesme du Temple ; à faire
plus de liberalitez à ses Autels, qu'à
rendre de deuoirs à ses parens, à violer la
charité du prochain sous pretexte de ne
violer pas le Sabat ; & en embrassant la
justice de ses propres œuvres, renon-
cera à celle de Iesus Christ.

    L'Evangile est tout plein des estran-
ges erreurs, que les Princes des Prestres, les Docteurs de la Loi & les Pharisiens, & deuots du temps, semoient
parmi un peuple non seulement ignorant & foible, mais bon & credule.
L'esprit de crainte propre au Iuif, la
pente à la superstition, qui est une autre sienne difference ; la servitude dans
laquelle il estoit né ; la dependance,
qu'il croyoit inviolable, l'excessive opi-

nion de la sagesse & de la Sainteté de ses Prestres & de ses Docteurs; l'entiere confiance en leur probité & en leur sçavoir; la succession apparente & exterieure de la chaire de Moyse : Enfin l'apprehension de nouveauté,&la force de la coustume en matiere de religion (qui sont les deux plus fermes piliers de la superstition & de l'erreur) furent cause que ce peuple non seulement n'eust pas horreur de ses fers, mais les ayma, & les trouvant beaux, s'engagea lui mesme en ces rudes coliers & en ces menotes, qu'il prist pour des brasselets & des carcans. C'est ainsi qu'il subist le joug de l'empire Pharisaïque, quoi que plus pesant que celui d'Herodes & de Cesar; & bien esloigné de songer à s'affranchir, ne songea quasi pas qu'il estoit captif, ou s'il le vit, s'imaginant sa liberté impossible, s'accoustuma avec le temps à sa prison.

En effet les Iuifs ne pouvoient non plus se liberer eux mesmes de ce joug humain, qu'eux & tous les hommes du diabolique. Il appartinst uniquement à Iesus souverainement libre & souverain

Ps. 143. 1. Iean 3.

uoerateur de rompre egalement ces deux liens, & de deffaire les complots des hommes, au temps qu'il estoit venu diffoudre les œuvres du diable. Les esclaves estans enfoncez dans les tenebres, ce fut à Iesus seul comme lumiere de les esclairer, & comme soleil de justice, de porter ses rayons jusques dans les ombres de ceux, qui gisoient morts és sepulchres. Comme ils estoient envelopez dans l'erreur, il faluft que Iesus verité leur apparuft & les liberaft, pour accomplir au vrai ces paroles, *vous connoiftrez la verité, & la verité vous affranchira & vous serez vrayement libres, si le fils, qui est la verité vous libere.* Et en un mot estans des esclaves, & des esclaves enchaifnez, il falluft que le Fils de Dieu, Fils par excellence, donnaft la puiffance à ces esclaves d'eftre faits enfans, & enfans non du fang & de la volonté de la chair, mais de Dieu; & que la parole eternelle, qui deflie tout, & qui eft un marteau à rompre le fer, auffi bien que les rochers, & un glaive à divifer leschaifnes de la chair, coupaft fortement les leurs, & les mift en la liberté de son esprit.

C'est ce que Iesus libérateur, Fils de Dieu vivant, sa verité & sa parole, fit en general au regard de tous les esleus, & en particulier en faveur de ces heureux Iuifs ausquels il adressa ces mots, *Si vous persistez en ma parole, vous serez vrayement mes Disciples, & vous cognoistrez la verité, & la verité vous affranchira*, les delivrant en effet non seulement du joug de Sathan & du peché, qui faisoit leur premier & originel esclavage, mais encore du joug de la Sinagogue, & de l'empire Pharisaïque, qui faisoit leur seconde servitude. Iean 8.

De cét heureux nombre d'affranchis furent les Apostres, & tous ceux qui attirez par le Pere au Fils, eurent part à ce grand œuvre de Dieu de croire en lui, & meriterent par leur perseverance en sa foi & en sa parole, de porter le nom de ses vrais Disciples. Ils estoient auparavant Disciples pour le moins exterieurs de la Sinagogue, & des esclaves de sa teste & de son corps quant aux apparences. La lettre de la Loi les y assujettissoit, la crainte, & la coustume Iean 6.

les y obligeoit , & leur simplicité , leur
credulité, & leur bonté contribuoient
à les y faire ployer. Ils n'avoient garde
de songer d'eux mesmes à s'affranchir
d'un joug que non seulemēt ils ne pouvoient pas porter, mais que toutes leurs
mains n'eussent sceu faire bransler. Vn
gros & grand fardeau ne se remuë pas
ainsi, & un joug long & pesant, n'est
pas facilement rejetté. Tant s'en faut,
que ce peu d'hommes le peussent détruire, que tous les Iuifs ensemble n'e-
stoient pas capables de le secoüer. Bien
loin d'en avoir la force, ils n'en avoient
pas mesme le desir ; & le vouloir leur
manquant, aussi bienque le pouvoir, on
peut dire qu'ils estoient si peu disposez
à se guerir, qu'ils ne cognoissoient pas
mesme leur mal.

Favorablement à leur bien, Iesus
voye, veriré & vie parust qui non seulement esclaira leur prison, mais la rompist, & ne se contenta pas de descouvrir, mais voulust guerir leurs playes.
Il leur fit voir que leurs meurtrissures
venoient de la pesanteur du joug, qu'ils
traisnoient plus , qu'ils ne portoient;

que ce fardeau intolerable des loix &
des traditions humaines, escorchoit non
seulement leur dos & leurs espaules,
mais leur cœur ; & qu'il falloit le secoüer, s'ils vouloient non pas vivre,
mais seulement mesme respirer. Ce fut
à cette occasion que Iesus un jour tout
haut, au millieu d'une de ses plus grandes essevations à Dieu son Pere, le
loüant & confessant de s'estre revelé
non aux grands & aux sçavans, mais
aux petits & aux simples, s'écria. *Ve-*
*nez à moi vous tous qui estes travaillez & *
chargez, & je vous soulagerai. Chargez
vous de mon joug, & apprennez de moi, que
je suis debonnaire & humble de cœur, &
vous trouverez repos à vos ames, car mon
joug est aisé, & ma charge est legere.

D'abord pour les mettre en parfaite
liberté, il rompist le grand édifice de la
Sinagogue, mettant à bas ses piliers;
il en decouvrist le toict & la bastisse jusques au fondement; Il leva la neige, &
manifesta le fumier ; il ouvrist les sepulchres blanchis, & en fit sentir la
mauvaise odeur, que la vieillesse des
cadavres, ne servist qu'à rendre plus in-

ſuportable. Il s’en priſt aux chefs des Preſtres, qu’il n’apella que de leur nom, quand il les appella brigands. Le plus doux traitement qu’il leur fit, fut de les nommer mercenaires, mais quand le zele de la maiſon de Dieu le devora, il les accuſa d’avoir fait du temple de Dieu ſon Pere, une retraite de larrons, & prononça ſur eux dix ou douze malheurs de ſuitte, par leſquels en decouvrant leurs hypocriſies & leurs erreurs, il fit voir & abhorrer leurs cruautez, & leurs malices.

Matth. 24.

Matth. 23.

Dés lors ceux qui creurent & perſiſterent en ſa parole, furent affranchis par ſa verité. Les eſcailles tomberent des yeux aux Pierres, aux Ieans, & aux autres Diſciples juſques alors vrais aveugles. Ils virent & ouyrent des choſes que leur œil, ni leur cœur n’avoient pas compris, & s’éjoüirent au bril des rais de Ieſus ſoleil de juſtice, bien plus qu’ils n’avoient fait au feu de Iean, qui ne les avoit eſclairez, que comme un flambeau. Le myſtere d’iniquité eſtant deſcouvert, ce qu’il eſtoit, fut abhorré, la Sinagogue veuë en ſon viſage fut trou-

Iean 5.

vée laide, & la peau d'aigneau lui estant
ostée, elle ne parust qu'une louve. Ensuit-
te dequoi l'erreur estant une fois connu,
fut haï ; on abomina ce qu'on avoit
adoré. Ce qu'on avoit tant craint, vint à
mespris, & l'Empire sacerdotal & Pharisaïque, passa non seulemêt pour empire,
mais pour tyrannie ; son gouvernemênt
pour oppression, ses loix pour injustice,
son authorité pour usurpation, sa pieté
pour hypocrisie, sa doctrine pour erreur, & toute sa conduite pour esgare-
ment. Les esleus sortirent des ses prisôs,
& les enfans de Dieu rompirent leurs
fers. Pierre & Iean eschaperent de ses
flots, & sauterent hors de sa barque
plus que de la leur, pour s'en aller libres
à Iesus, à peine de le suivre sur les flots.

Tout ce qu'il y eut donc de vrais
appellez & de vrais fideles, devint Disciple de Iesus & de sa foi, & liberé par
sa verité, prist les armes contre le mensonge. Alors les prisonniers bondissans
comme des chevreuils tressaillirent en
leur liberateur, & lui châterent en esprit
le cantique du peuple au sortir d'Egypte, lui rendans gloire d'avoir submer-

Ex. 15.

gé le cheval & le chevalier en la mer, froiffé le charriot de Pharaon, & delivré leur efprit captif par la force de fa main. Ils fe deffirent hardiment des liens & du pefant joug dont la Sinagogue les avoit chargez, leverent genereufement les injuftes barrieres qu'elle leur avoit posé,& firēt fauter les verroux, fous lefquels elle les faifoit gemir.Le jour eftant venu, tout paruft ce qu'il eftoit, les eftres reels demeurerent,& les phantofmes s'efvanouyrent. Le menfonge tout confus fe retira, & la verité refta feule, laquellé eftant reconnuë, refiouyft ceux qui la receurent, refufcita ceux qu'elle reveilla, & mift en parfaite liberté, ceux qu'elle s'affujetift.

CHAPITRE

CHAPITRE SECOND.

Découverte du dessein de l'Autheur dans les precedentes reflexions. Leur application au temps present, & à la captivité des fideles asservis sous les erreurs & les rigueurs de l'Eglise Romaine, & affranchis par la verité & la grace de Iesus Christ, auquel l'Autheur rend grace de sa delivrance.

QVI sera bien entré dans le sens des reflexions, que je viens de faire sur ces paroles de Iesus, sera entré en mon dessein, qui n'est pas bien difficile à deviner. Afin neantmoins qu'on ne puisse pas l'ignorer, & qu'on voye par mesme moyen combien toutes ces remarques lui sont necessaires, je suis d'avis de le decouvrir. Il n'est & n'a esté certainement autre, que de descrire le temps present dans le passé, & faire voir que l'un a esté naïfve figure de l'autre.

1. Cor. 10.

Que le peuple Iuif estant le Symbole du
Gentil, comme le Iudaïsme est descheu,
ainsi est descheu le Christianisme, & que
si l'un a eu son esclavage, l'autre aussi
a eu le sien. Toutes sortes de marques
& de raisons tirées de l'Evangile & de
l'experience, prouvent assez manifestement que cét esclavage dernier figuré
par le premier, est dans l'Eglise Romaine, & qu'elle a & son corps & son
esprit tout semblable au sien; ses maximes & ses qualitez les mesmes, ses
mesmes façons d'instruire & de conduire, de penser & d'agir, & qui pis est,
ses mesmes erreurs: ces deux corps n'e-
stans en rien dissemblables, si ce n'est
que comme l'Eglise Romaine est, &
plus puissante & plus estenduë, son mal
est aussi plus universel & plus grand.

Le corps de la Synagogue estoit com-
posé d'un monstrueux chef tel que
Caiphe, & d'un corps de Princes des
Prestres, des Docteurs de la loi, des
Scribes, des Pharisiens, des Sacrificateurs & des Levites, & son esprit selon
que Iesus mesme en fait le caractere &
que l'Evangile le descrit, estoit un es-

prit d'orgueil, d'avarice, de fraude, de
fauſſe doctrine, pieté, authorité & conduite, qui trompant le monde, lui
impoſoit un ſi rude joug, qu'aſſom-
mant les corps, il accabloit les ames,
& leur faiſoit mener une vie & corpo-
rellemēt & ſpirituellemēt mal-heureuſe.

Le corps du ſecond eſtat, c'eſt à dire
de l'Egliſe Romaine, eſt un corps auſſi,
compoſé d'un chef ſi prodigieux en
groſſeur & en grandeur, qu'il ſe dit couvrir tout l'univers, & eſtre meſme deſſus lui; & des membres comme les
anciens, ſemblables en ordres & en
noms, de Pontifes, de Princes des Preſtres, de Sacrificateurs, de Scribes, &
d'un nombre infini d'autres perſonnes,
dont l'eſprit (ſi on le conſidere de prez)
a viſiblement auſſi pour ſes qualitez &
ſes differēces, l'orgueil, l'avarice, la fraude, la fauſſe doctrine, la fauſſe authorité & la fauſſe pieté, ſous leſquelles cét
eſtat tient tous les autres aſſervis, & fait
mener à tous ſes ſubjets, une vie d'eſclaves du monde, qui ne ſe reſſent en rien
de la liberté des enfans de Dieu.

Le peuple Iuif que nous avons décrit

captif sous la Sinagogue, estant la figure du peuple Chrestien, captif sous l'erreur & la conduite Romaine, nous de-
signe tres-bien, que les uns y sont esclaves de corps seulement, les autres
de corps & d'esprit, & que tous y servent contraints. Que l'ignorance y tient
ceux-ci, la foiblesse ceux là: Que les uns
y sont attachez par la crainte, les autres
par l'esperáce; & que plusieurs n'y vivent
que pource qu'ils y sont nez, & y restent
plus par éducation, que par aprobation,
& plus engagez par la coustume que
par le choix, & moins par volontaire
que par necessaire assujettissement. Plusieurs mesme par impuissance de secoüer son joug, le portent en reclamans
contre sa dureté & son injustice, & at-
tendent qu'un plus grand pouvoir que
le leur, qui ne doit pas estre moindre
que celui d'un Dieu, les affranchisse.
Qui auroit le don de la sciéce des cœurs,
& de les voir plus avant que leurs visa-
ges, en reconnoistroit en tous endroits
de bien tristes, qui sont contraints de
paroistre gais; & verroit des bouches
riantes en beaucoup de lieux, où asseu-

rement les cœurs gemissent.

Il est hors de doute qu'au milieu de
l'Eglise Romaine, & de Rome mesme,
il y a des esprits saintement revoltez
contre elle, dõt elle se soumet les corps,
qui en lui obeissant mesme lui deso-
beissent, & crevent sous un joug & contre un joug, qu'ils semblent porter bien
contens Qui ne sçait que l'inquisition
qui bride les langues, n'arreste pas
tousiours les cœurs? & qu'elle fait des
disciples de nuict, & des fideles si secrets, qu'ils n'osent se declarer. Que
si tout se pouvoit descouvrir, & les
cœurs se descharger, de quels griefs ne
chargeroit on la tyrannie spirituelle, qui
charge si griefvement tant d'esprits? &
quel procez ne feroit on pas à tout son
corps devant Dieu, de ce qu'elle le fait
à tant d'ames devant les hômes? si mesme les barrieres de la peur, & de la foiblesse, du respect humain, de la superstition & du vain scrupule, estoient le-
vées, qui doute qu'on ne vit sauter ces
fortes grilles & ces grandes murailles,
qui tennent, tant d'innocens, & d'in-
nocentes en prison? qu'on ne trouvast

un matin ces maiſons ſi peuplées, vuides ? & qu'on ne vit toutes ces bigarrures de veſtemens reduites à un habit
commun, auſſi bien que tous ces cœurs
rangez ſous une meſme loi de Ieſus
Chriſt, & profeſſans la commune regle
de l'Evangile?

De grace combien y a t'il d'ames
priſonnieres de l'erreur & de la fauſſe
doctrine, non ſeulement parmi tant de
pauvre peuple ingnorant, qui prend ſes
ſtatuës pour ſon vrai Dieu & pour ſes
Saints, qui croit que du bois & de la
pierre taillée fait des miracles, que de
l'eau où un ſigne de croix le guerit, &
que ſans une priere pour les morts, &
ſans un cierge allumé à ſon agonie, ou à
ſes funerailles, ſon ame n'y verroit goute en allant à Dieu ; mais meſme parmi
des perſonnes ſçavantes & eſclairées,
leſquelles voyant la fauſſeté ſont con-
traintes d'y ployer, & emportées du
torrent cedent tantoſt à la crainte, tantoſt à la force, & ſervent touſiours à
l'iniquité?

Combien par exemple gemiſſent en
leur cœur, non ſeulement de ne pou-

voir pas lire la Bible, mais de se voir obligez de la croire defectueuse, la voyans
parfaite, & sçachans bien qu'elle est une
œuvre de Dieu, qui ne fait rien à demi.
De la croire ambiguë & dangereuse, la
voyant nette & profitable, & sa lecture
mesme si necessaire à un peuple, auquel
Dieu la commandant l'homme la pro-
hibe, & lui en permet moins la veuë,
que celle d'un mauvais livre ? Combien gemissent sous le fardeau insuportable des traditions humaines, que l'E-
glise Romaine fait marcher de pair auec
les loix divines, & sous lesquelles elle
accable autant le corps qu'elle gesne
l'ame ? Combien souffrent sous des
jusnes forcez & des Celibats contraints?
Combien regardent leur cloistre comme leur prison, & leurs vœux comme
leurs chaisnes, s'y trouvant aussi garro-
tez que des forçats, & aussi mal traittez
que des criminels ? Combien gemissent
sous des loix qu'ils jugent injustes, &
sous une authoreté spirituelle qu'ils
voyent degenerée en tyrannie ? Et s'il
vous plaist qu'il à t'il d'égal au tremble-
ment universel des ames sous leurs con-

sesseurs ? des personnes cloistrées sous
leurs superieurs?& des gens de bien sous
les inquisitions & leurs tortures?

Combien connoissans pour erreur, ce
qu'ils sont obligez de professer pour verité, voudroient attribuer tout a la grace, qui sont forcez d'atribuer tout au
franc arbitre? Combien voudroient la
confesser sa maistresse, qui sont contraints de l'advoüer sa servante ? Tel
connoit Dieu absolu en ses vouloirs,
qui est obligé de le confesser dependant
du vouloir des hommes ? Tel ne croit le
sang de Iesus Christ espanché que pour
le salut des Esleus, qui est forcé d'advoüer qu'il l'est pour celui des reprouvez. L'un ne croit de vraye foi que dans
les justes, qui se void obligé d'en ad-
mettre dans les hypocrites ? Tel void la
doctrine des Sacremens toute alterée,&
leur usage tout corrompu , qui est contraint d'advoüer l'une tres pure, l'autre
tres entier ? Tel voudroit n'invoquer
& n'adorer que le createur, qui est
contraint d'invoquer & d'adorer la
creature: Et tel est vrayement religieux
eu secret & seul, qui est contraint d'estre

Idolâtre en public, & superstitieux en
compagnie.

Mais combien en y a t'il, que la fausse
pieté assujetist a ses bizarres humeurs? &
la superstition à ses vaines ceremonies?
à prier de bouche, quand il faut prier
d'esprit? & a avoir l'œil sur un Autel, [&
à des tableaux, quand ils ont tout leur
cœur à Dieu? A jeusner & à veiller,
quand ils ont necessité de manger &
de dormir? Combien rendent obeissan-
ce a autrui, pource qu'ils ne l'a peuvent
pas refuser? Reverent un joug qu'ils
voudroient avoir deschiré, & souspirent
incessamment apres le moyen de se deslivrer, des mains mesmes, qui ne cessent
de les faire souspirer?

Mais quoi? ou le cœur manque? ou le
monde arreste? ou la coustume entraîs-
ne? ou la peur surmonte? ou pour dire
mieux, il n'est pas donné d'en-haut, &
l'heure n'en est pas venuë tousiours &
pour tous. Le Chrestien captif ne se peut
non plus liberer lui mesme que le Iuif,
d'une servitude dont Iesus Christ seul le
peut affranchir. Il n'y a que les mains
d'un Dieu assez fortes pour deslivrer le

cœur d'un homme, sa grace & sa verité estans seules capables de briser les chaisnes, dont le peché, & le mensonge le tiennent fortement lié. Iesus seul qui habite par la foi en nos cœurs, & qui est lui mesme la parole & la verité, est celui qui en tout temps comme Eternel Redempteur affranchist les siens de l'esclavage du monde. Il libera les premiers estant visible en sa chair, & leur disant la verité de vive voix; & il libere les derniers par l'invisible vertu de son Esprit, & leur parlant par ses Escritures.

Cét effect vient de lui, & à rapport à lui comme à sa cause, d'autant que si la foi & la grace sont celles qui affranchissent, c'est Iesus *habitant par elles és cœurs, qui produit leur liberté.* Si c'est la parole, & la parole de la verité qui libere, il est lui mesme la parole & la verité, eternelle & temporelle, qui a cette force. Il est parole eternelle selon cette parole, *Aucommencement estoit la parole, & la parole estoit en Dieu, & la parole estoit Dieu.* Il l'est aussi temporelle, selon qu'il est escrit *& la parole s'est faite*

chair : *Ie suis le principe qui vous parle. Ce* 1. Iean
que nous avons veu & ouy de la parole de 1.
vie, &c. Et selon mille autres tesmoignages, dont l'Evangile est tout plein, lequel n'estant que la parole mesme de Iesus parole, est un constant tesmoignage qu'il est parole dans le temps , comme il est parole dans l'eternité.

Il n'est pas moins verité , qu'il est parole, ains il ne peut estre l'une en Dieu, qu'il ne soit l'autre , puis que lui mesme l'a defini , lors que parlant en Fils à son Pere en la plus haute de ses eslevations, il lui a dit ; *Ta parole est verité* , & parlant en Pere à ses enfans , il s'est découvert à eux sous ce nom disant ; *Ie suis la* Iean 17
verité, En suite dequoi celui de ses Disciples, qui a le mieux recueilli ses paroles aussi bien que ses amours , n'a point manqué de l'appeller de ce nom en la plus belle de ses lettres , mettant pour principe cette these, *Christ est la verité,* 1. Iean 5.
dont il avoit fait la preuve dans le plus beau de ses Evangiles , y ayant dit expressement de la parole faite chair, qu'elle leur avoit paru *remplie de verité.* 1. Iean

Cela presuposé , dire que la parole &

... verité liberent, c'est dire que Iesus libere, puis qu'il est lui mesme la parole
& la verité essentielle & personnelle &
dans l'eternité & dans le temps; & qu'il
n'appartient proprement qu'à lui, d'en
produire les effects, comme il n'appartient proprement qu'à lui d'en porter le
nom. Aussi voyons nous que l'Escriture,
ne manque point de les lui rapporter
tous, & principalement celui de mettre en liberté les ames, quand tantost
sous le nom sagesse, elle dit qu'un sage
qui est Iesus, *a deslivré par sa sagesse sa Cité*,
qui est son Eglise; conformement au
mot de l'Apostre, qui asseure que Iesus
nous a esté fait sagesse, de la part de Dieu son
Pere, dont il se nomme la sagesse mesme,
& dont il a tous les thresors de science
& de sagesse renfermez en soi; tantost
sous le nom de grace, dont le mesme
Saint Paul se professe cent fois l'affranchi, aussi bien que sous celui *de la Loi*
de l'esprit, & de la vie, qui l'a deslivré
(dit-il) *de la loi, du peché & de la mort.*

Iesus produit cét effet par sa grace &
sa verité dans un cœur, quand estant
conceu en foi par sa parole, il s'incarne

pour le dire ainſi ſpirituellement en lui,
& l'ayant eſlevé à ſoi la tire de ſa ſervitude, a proportion comme eſtant conceu
dans les entrailles de ſa mere, il eſleva
ſon humanité, & la tira de ſa baſſeſſe.
La parole de Gabriel interpreté la vertu
de Dieu, ſerviſt d'organe à faire que cette
Sainte vierge le conceuſt, par le Saint
Eſprit qui l'a rempliſt; & la parole de
l'Eſcriture, qui a une vertu toute divine,
ſert d'organe auſſi, à faire qu'une ame fidele, prevenuë du Saint Eſprit, conçoi-
ue Ieſus en ſoi, & en le concevant l'em-
braſſe, & en l'embraſſant s'uniſſe à lui,
d'un lien d'eſprit ſi fort, qu'il rompt tous
ceux de la chair.

C'eſt ainſi que l'ont eſprouvé en ces
derniers temps pluſieurs fideles, que Ieſus Chriſt a liberez par la parole de ſon
Eſcriture, côme jadis il en libera pluſieurs
par la parole de ſa bouche. C'eſt ainſi
que j'oſe dire, que je l'ai éprouvé moi
meſme, puiſque je ſuis obligé de rendre
gloire à ſa grace, & ne taire pas un bien
fait, que je dois à ſa vertu, auſſi bien
qu'à ſa bonté : & que je ſerois infiniment coupable, de ne publier pas que

je tiens de ſa grace & de ſa parole. Si je m'oſe donc mettre au nombre de ces heureux affranchis, je ne me mettrai qu'au rang, où lui meſme m'a d'aigné placer comme en ſon banquet, maïs toûjours au lieu le plus bas, comme le plus conforme & à mon eſtat & à mon deſir. Si Saint Paul à pris le nom d'avorton, quand il a dit, que Ieſus lui a apparu, je le prendrai volontiers en diſant que Ieſus m'a delivré. Il luï apparuſt en effeⱦ, lors qu'il le delivra, qui fut le jour qu'en abatant ſon corps, il eſleva ſon Eſprit, & l'eſleva juſques au troiſieſme ciel, afin qu'il y vit des veritez, que le cœur ne peut penſer, & y ouyſt des paroles que la langue ne peut dire; figure admirable de toute vraye delivrance, que Ieſus fait par ſa grace & ſa verité, abatant un cœur par la vertu de l'une, & l'eſclairant par les lumieres de l'autre.

Ie peux dire rendant gloire à la grace de Ieſus Chriſt, que j'ai ſenti quelque choſe de ces deux effets dans ma deſlivrance, & ſans qu'il ſoit neceſſaire d'avancer rien de ce qui pourroit plus contenter la curiofité de plufieurs, qu'edifier la foibleffe de quelques uns, je prendrai la fainte liberté de dire, que fi je n'ai pas veu Iefus Chrift, comme cét Apoftre dans le nuage de fa gloire, je l'ay veu pour le moins dans celui de fon Efcriture; & humilié en un corps, qu'il a voulu que j'euffe infirme, fe fervant mefme de mes infirmitez, pour un moyé à me faire fervir à fa gloire, m'a élevé l'efptit à la connoiffance de fa verité, & en me fermant les yeux aux refpects humains, me les a ouverts à la confideration, & à l'execution de fes confeils.

En attendant qu'il m'oblige, comme il fit cét Apoftre, à dire en particulier beaucoup de fecrets que mon heureux aveuglement m'a fait voir, & à la connoiffance defquels mon abatement m'a eflevé; Ie me contenterai pour cette fois de le loüer de ma liberté, & de rendre compte tout fimplement à l'Eglife de mon affranchiffement, comme Saint Paul fit du fien. Pierre forti de deffous les fers d'Herodes, & miraculeufemét efchapé d'entre les mains de quatre compagnies de foldats, ne fut pas pluftoft hors

de prifon, qu'il informa de fa deſti-
vrance les fidèles, afin qu'ils en rendiſ-
ſent graces non à l'Ange, mais au Roi
des Anges, qui l'avoit mis en liberté,
& Dieu m'ayant fait la grace d'échaper
juſques à quatre fois les compagnies des
Archers, Sergens & Soldats armez,
accompagnées du glaive & des liens de
l'Egliſe Romaine, m'oblige en racontant les voyes à mes freres, de les obliger au remerciement, & à l'entonner
moi meſme le premier.

Pſ. 56.
& 107:   Levez vous donc mon pſalterion &
         ma harpe, afin que je chante loüange
Eſai. 3. à mon divin liberateur. Ça que mon
Exode   ame die un Cantique à ſon bien aymé
15.   au millieu & en la corne abondante de
        ſa vigne, qui eſt ſon Egliſe. Chantons
        gratieuſement, car le Seigneur a agi glo-
        rieuſement, & m'a fortement tiré d'E-
Pſ. 64. gypte. Ie ne pouvois pas te chanter un
        Cantique à l'aiſe en Babylone, car com-
        ment en chanter en terre eſtrangere, &
        en un lieu où il faloit ſuſpendre toûjours
        le luth aux ſaules, ou pluſtoſt aux cre-
        neaux & aux grilles d'une priſon? C'eſt
        dans ton temple, lieu de tes hymes, que
                                          je t'en

je t'en chanterai un de delivrãce au jour
de ma fortie de la maifõ de l'erreur, pour
entrer fous les pavillons de la verité.
C'eſt en Sion & en la cité de paix que la
loüange t'eſt deüe, & non pas en Baby- Apoc.
lone abreuvée du fang de tes Martyrs 6.
& de tes Saints, leſquels crians de deſ-
fous fes ruës & fes autels, te demandent
vãngence d'elle : Elle m'a pourſuivi juſ-
qu'au defert, où enfin j'ai rencontré ta
vraye Egliſe, plus feconde dans fon apparente fterilité, qu'elle dans fon abondance. Gloire à Ieſus mon liberateur, Apoc.
qui m'a affranchi de fa cruauté par la 12.
douceur de fa grace, & qui m'a retiré
de fes dents, pour me mettre entre fes
bras. Que ceux qui cherchent mon ame
foient confus & que ceux qui m'ont Pſ. 35.
pourſuivi, reculent, voyans que tu as
dit à mon ame, je fuis ton falut. Elle
en treffaille fainctement & fait que tous
mes os te difent, Seigneur qui eſt femblable à toi? qui délivres le pauvre, de la
gueule des riches, & retires le foible,
de la main des forts. Tu m'as délivré du Pſ. 99.
filet des chaffeurs, auffi es-tu mon ga-
rant & mon refuge: leur filet a eſté rom-

D

Pf. 123. pu , & j'ai volé comme un paſſereau d'entre leurs mains. Benit ſoit le Seigneur qui ne m'a point donné à devorer à leurs dents. N'euſt eſté l'Eternel, qui a eſté pour nous, quand les hommes ſe ſont élevez contre nous ; ils nous euſſent dés lors engloutis tous vifs, & les eaux des angoiſſes ſe fuſſent debordées ſur nous, coulées par un prodige eſtrange, des flammes de leur colere. En-

2. Tim. 4. fin, comme dit l'Apoſtre, nul ne m'ayant aſſiſté ains tout ſemblant m'avoir abandonné dans ma defenſe , le Seigneur m'a aidé , & m'a renforcé donnant par l'a meſme approbation à ma parole, me délivrant de la gueule des lyons, & de toute ſorte d'embuſches & de mauvais pas, pour enfin me conduire ſain & ſauf, par le chemin de ſa grace au royaume de ſa gloire. C'eſt le Dieu vivant & permanent à jamais dont le regne ne paſſe point, & la puiſſance ne s'affoibliſt pas.

Dan. 6. *Ipſe liberator atque ſalvator*, qui eſt vrayement mon unique liberateur & Sauveur par excellence.

CHAPITRE TROISIESME.

L'Autheur obligé pour plusieurs raisons de rendre compte de son Apel & de son affranchissement en particulier, en découvre les commencemens & les progrez depuis vingt-cinq ans, & fait voir comme Iesus Christ l'a liberé durant tout ce temps par sa double parole interieure & exterieure, l'interieure qui est sa foi, son Esprit & sa grace, l'exterieure qui est la parole de son Escriture.

AFIN qu'il ne semble pas, qu'en ne parlant qu'en general de mon affranchissement, je le veüille faire croire autre qu'il n'est, je me sens obligé d'en coucher ici des particularitez, qui puissent servir à prouver qu'il est tel que je le dis, & mesme à verifier qu'il n'est pas l'œuvre d'un jour, mais que Dieu l'ayant commencé dés longues années, n'a fait que l'achever celle-ci. Ce narré

va faire voir, que ces deux paroles,
qui font fa grace & fon Efcriture, l'une
fa parole interieure, l'autre fa parole
exterieure, ont travaillé depuis vingt-
cinq-ans à ma delivrance, & qu'enfin
cette heureufe année, que l'Eglife Romaine appelle, de Iubilé, c'eft à dire,
d'affranchiffement, m'a produit vrayement l'effect, dont elle n'a que le nom;
& m'a tiré comme un nouvel Ifraëlite
de fes fers, en me retirant de fa maifon.

Cinq raifons principales femblent
m'obliger à cette fimple & fincere declaration de mon Apel. La premiere,
la gloire que je dois à Dieu, & la con-
feffion de fa vertu, & de fa grace, qui
m'a prevenu dés mes jeunes ans, pour
me faire heureux du bon-heur *qu'il y a*
(dit un Prophete) *de porter fon joug dés fa*
jeuneffe; Taire le fecret du Roy eft une bon-
ne chofe (dit un Ange à deux grands
hommes) *Mais reveler les œuvres de Dieu,*
en eft une bien meilleure & beaucoup plus ho-
norable. Donnez lui la gloire, & le louez en
la prefence de tous les vivans. I'ai defia
averti les vrais fideles, que je n'avois

que ce deſſein, & qu'en racontant la grace, qu'il a pleu à Dieu de me faire, je ne cherchois que ſa gloire.

La ſeconde raiſon eſt, qu'il me ſemble que je dois cette dépoſition de mon cœur à la vraye Egliſe, & à tous les eſleus de Dieu, afin que non ſeulement ils le glorifient de ſes dons, mais qu'ils s'en conſolent eux meſmes, & en tirant ſa loüange, en tirent un ſaint plaiſir, aucunement ſemblable à celui, que les premieres Egliſes avoient, de voir les effets de la grace & de la parole de Dieu, je ne dis pas dans la delivrance d'un Pierre, la conqueſte d'un Paul, &, la jonction d'un Apollo (au rang deſquels je n'ai garde de me mettre) mais dans l'acquiſition des moindres Diſciples, entre leſquels Ieſus meſme ſemble m'avoir donné rang.

La troiſieſme eſt, pour témoigner ma ſincerité à mes vrais freres, & combien je deſire marcher avec eux à cœur ouvert, n'ayant rien qui leur ſoit caché; & leur faiſant voir par ma confiance, qu'en quelque façon la leur m'eſt acquiſe, & qu'ils ne doivent jamais dou-

ter, que si je n'ai pas la prudence du
serpent, je n'aye pour le moins en leur
endroit la simplicité de la Colombe.

La quatriefme eft pour armer leur
charité, contre les attaques de la haine,
& leur donner en ce recit dequoi fe dé-
fendre par l'efclairciffement de la verité, des calomnies du menfonge. Ayant
fujet de conjecturer par mes perfecutions paffées, que l'envie qui les a faites, m'en fufcitera de nouvelles, ie fuis
obligé de la prevenir, & de defveloper
quelques points, fous lefquels elle
pourroit fe couvrir. Si ceux qui vou-
dront eftre mes juges, veulent fe porter
pour equitables, ils me referveront
toufiours une oreille, & ne me con-
damneront jamais, fans pour le moins
m'avoir efcouté. Vne fentence definiti-
ve ne fe peut point prononcer, que les
parties n'ayent efté ouïes. I'ai fujet d'efperer cette faveur de mes freres, qui
verront par la fincerité de ce recit, que
ie fie parfaitement mon innocence à la
leur.

La cinquiefme & derniere raifon eft,
que ie dois ce particulier tefmoignage

à la parole de Dieu , & à la verité de ſes
Eſcritures, d'avoir eu ſur moi le pouvoir, que Ieſus leur attribuë, qui eſt de
mettre enliberté ceux qui perſiſtent en
elles; qui ſe laiſſans conduire à leurs rais,
& ſe fiás à leur force, voyent diſſiper leur
tenebres par leur lumiere , & ſentent
rompre leurs liens par les coups de
leurs marteau , qui briſe meſme les rochers :   Ierem.
Auſſi n'eſt-ce pas en vain qu'il eſt eſcrit,   23.
& eſcrit meſme au commencement de
cét ouvrage , *Que Ieſus di,oit aux Iuifs, ſi*
vous perſiſtez en mes paroles, vous ſerez   Iean 8.
vrayement mes diſciples , & vous connoi-
ſtrez la verité , & la verité vous affran-
chira.

I'oſe dire, puiſque j'y ſuis obligé , que
Dieu m'a fait ſentir les effets de cette
parole tant par la grace interieure de
ſon eſprit, que par celle de ſon Eſcriture, dés l'age auquel non ſeulement ie ne
ſemblois pas digne de les recevoir,
mais ie ne ſemblois pas meſme propre
à les entendre. De plus loin qu'il me
ſouvienne, i'ai memoire d'avoir ſenti
des impreſſions de ſon Eſprit, que mon
enfance ne me permiſt pas de diſcernèr,

quand je le receus, mais que j'ai parfaitement connu & senti depuis, n'estre
que le sien. Les attraits deslors à la priere, & à la retraite, les gousts interieurs
de Dieu , les sentimens de sa grandeur,
l'onction de son Esprit, & autres effets
me l'ont prouvé, principalement estans
suivis du desir ardent de le servir en ce
bas âge , touché de cette parole *qu'il
estoit bon à un enfant de porter le joug de
Dieu de bonne heure.*

Il n'est pas mesme hors de mon propos, & hors du sujet de mon action,
que je die avec autant de simplicité,
que j'en desire de ceux ausquels j'adresse mes paroles , qu'ayant esté durant
mon bas âge beaucoup touché des discours de Dieu, & me plaisant particulierement à ceux de Iesus Christ, & de
son Royaume , entendant parler des
derniers temps & du regne de l'Esprit
contraire au sien en ces jours, il pleust
à Dieu me donner de tels desirs, qui passoient aussi bien mes forces, que mon
âge, de patir pour sa verité & son Evangile, & avoir quelque part aux travaux
de ceux, qui en soustiendroient la que-

zele, que du depuis m'estant arrivé dans mes persecutions de souffrir pour leur defense, j'ai eu sujet de penser, que Dieu m'y preparant deslors, jettoit en moi des semences, dont j'ai eu le bien depuis de recueillir quelques fruits.

Ie sentis bien encore de plus grands effets de ces deux paroles divines, qui sont la grace, & l'Escriture, dans l'estat nouveau, que Dieu (qui voulust me mettre à l'abri du siecle durant ma jeunesse, pour de tres grandes raisons que je ne dirai que contraint) me fit prendre de nouveau, me faisant entrer à l'âge de quatorze à quinze ans dans la compagnie des Iesuites. Ie n'y fus pas, que dés les premiers jours, comme leur coustume est d'exercer les esprits dans quelques meditations, je fus fortement touché dans la premiere, qu'ils appellent avec sujet le fondement de toutes les autres, des paroles & principes de l'Escriture, *Que Dieu a fait tout ce qu'il a fait pour soi mesme & sa propre gloire. Qu'il est le commencement & la fin de toutes choses. Que tout est à nous, nous à Iesus Christ, & Iesus Christ à Dieu son Pere*, & par con-

Pf. 16.
Apoc. 1
22
1. Cor.
2.

sequent qu'il me falloit faire estat, puisque j'estois de lui & pour lui, d'estre
tout à lui, & estant appellé de Iesus
Christ & à Iesus Christ; donné par le
Pere au Fils, marqué de lui au Baptesme,
nommé Chrestien de son nom, & mesme introduit en une societé qui faisoit
gloire de le porter, je devois tascher
d'en faire vraye profession, & ne plus
vivre ou mourir à moi ou pour moi,
mais à lui & pour lui, qui a vescu & est
mort pour nous, comme dit l'Apostre.

La verité de ces paroles m'entra si
fortement dans le cœur, que j'en fis le
principe de ma conduite, estant celui
de ma lumiere. Elle s'augmenta beaucoup par l'exercice de la meditation
ou oraison, que Dieu m'apprist à pratiquer plus par infusion de grace, que
par effort de nature, & dans laquelle
son Esprit me previnst tousiours, plustost
que le mien ne l'alla chercher. De là
vint, que je ne peux jamais m'y servir,
des moyens du discours Philosophique,
& des façons de ptier Dieu, qu'a inventé l'homme: *Le Saint Esprit qui ayde no-*
stre foiblesse (comme dit Saint Paul,)

Rom. 14.

Rom. 8.

m'enseigna la maniere innenarable, dont il fait prier les siens, & ayant non seulement les instructions, mais les aydes de l'Esprit divin, je n'eus besoin ni des artifices, ni des methodes de l'humain.

Certes je le receus dés lors tel, que ceux parmi lesquels, je vivois l'ayant reconnu, dirent souvent qu'il n'estoit pas celui de leur societé. Que j'estois de leur corps, sans estre de leur esprit, & que sous une apparente union exterieure, nous estions interieurement tres divisez. En effet ces Messieurs trouveront bon s'il leur plaist, que je rende cette gloire à Dieu, que j'ai plus receu de lui que d'eux ; & que je dois ce que je sçai, aussi bien que ce que je suis, à son Esprit plus qu'au leur, & à une conduite & à des instructions, que je ne tiens ni de leur main, ni de leur escole.

N'estant pas besoin que je m'arreste à dire beaucoup de particularitez, qui pourroient causer de l'ennuy à un lecteur qui n'a pas besoin de les sçavoir, j'en dirai une que je ne peux pas lui taire, sans faire tort au sujet, dont il faut qu'il soit instruit. C'est que l'Esprit

qu'il pleuſt à Dieu de me donner &
dont il me previnſt, d'une façon que je
ne ſçaurois pas bien exprimer, me
gaignant à ſoi, me gaigna tout à Ieſus
Chriſt; & m'appliqua tellement à ſa
connoiſſance & à ſon amour, qu'il devint tout le ſujet de mes occupations,
auſſi bien que tout l'objet de mes deſirs,
& fit que je le pris pour mon exemplaire, en meſme temps que ie le pris
pour mon but.

La choſe arriva d'une façon aſſez extraordinaire, pour eſtre excuſé par un
eſprit humble, à ne l'a pas publier;
puis qu'il ſuffit qu'en declarant l'effet &
la cauſe, ſans en dire le moyen, je dis,
que tout ſe termina à m'attacher à Ieſus
Chriſt, & me faire voir ces veritez des
Eſcritures. *Que Ieſus eſt la fin de la Loi &*
ſa plenitude. Que la vie eternelle eſt de le
connoiſtre & de l'aymer. Qu'il eſt l'exem-
plaire propoſé ſur la montaigne, que tout œil
doit contempler & tout cœur doit copier.
Qu'il eſt le nouvel hŏme, qu'il faut reveſtir,
deſpouillant le vieil. Que c'eſt le Fils, que le
Pere a commandé découter, Que lui meſme a
obligé les ſiens à le ſuivre, & qu'enfin il n'y

Rom.
10.
Iean 17

Heb. 8.

Matth.
3.

2. Cor.
4.

à que lui à imiter tellement, qu'on est obligé de porter sa mort, & manifester sa vie.

Voylà en somme les veritez, sur lesquelles cét Esprit de lumiere & d'amour vers Iesus Christ m'esclaira, & en suite m'attacha si fort à sa conduite & à sa doctrine, que j'en estimai l'une ma sagesse, & en fis l'autre ma science. N'ayant point de Bible en ma disposition, & selon la pratique & la conduite Romaine, la lecture n'en estant pas permise à tous ceux ausquels Dieu l'a commandée, je taschai de me servir des livres plus familiers & plus publics, qu'on appelle des Messels & des Breviaires, dans lesquels ce qu'il y a de meilleur, est tiré d'elle, pour la voir en ses eschantillons, puis qu'on me cachoit la piece. L'amour que Dieu me donnoit de son Escriture, m'en faisoit transcrire de la main, & apprendre par cœur, ce que j'y rencontrois de plus touchant, & qui me servoit à verifier en moi mesme tous les jours, que la parole de Dieu est bien mieux, la nourriture de l'ame, que le pain n'est celle du corps, aussi est elle un froment, bien autre que le naturel, [Matth. 4. Matth. 13.]

ayant le ciel pour sa terre, & le sein mesme de Dieu qui le produit, la main de Iesus laquelle le seme sur le Sol esleu, qui le reçoit.

Ie ne peux pas esviter de dire icy que cette communication de l'Esprit de Iesus en foi, me fit deslors experimenter, & du depuis encore plus, à proportion de l'accroissement de ses graces, quelque chose des veritez contenuës dans les endroits de l'Evangile ou Iesus Christ dit qu'il est en nous. Qu'il demeure au dedans de nous. Qu'il est nostre tronc & nostre racine & qu'enfin il est, (en la maniere qu'il sçait bien, quoi que nous ne soyons pas capables de la comprendre) un avec nous, comme il est vn avec Dieu son Pere, & dans les lieux, où Saint Paul dit, qu'il est nostre homme interieur, spirituel, & celeste. Que le vray fidele & baptisé l'a reuestu, & est deuenu sa chair & ses os. Qu'il vit en nous, plus que nous mesmes, & qu'il habite par la foi dedans nos cœurs, Qu'estans joints à lui, nous sommes un avec lui. Et enfin, que nous avons son Esprit au milieu de nostre chair, qui fait que nous ne sommes pas en la chair, ni ne cheminons selon la chair, mais

ſelon l'Eſprit, Ieſus lui meſme habitant par
le ſien dedans le noſtre.

Ayant le cœur auſſi plein de ces ſentimens que l'entendement de ces lumieres, Dieu me fit la graçe de m'appliquer tout à leur pratique, auſſi bien
qu'à leur connoiſſance, & durant le
cours des années, pendant leſquelles
je fus engagé dans les eſtudes je peux
dire que comme celui de l'Eſcriture fut
le plus ſerieux & le principal, il fut toûjours auſſi, le plus aſſidu, & le plus
long. L'Eſprit de Dieu me faiſant connoiſtre par elle, qu'il n'y avoit rien de
tel, que de le connoiſtre lui meſme. Que le
connoiſtre eſtoit la vie eternelle, bien digne
de l'uſage de la vie temporelle. Que la ſeule
vraye ſcience, & le ſeul juſte ſujet de ſainte
gloire, auſſi bien que de legitime conſolation,
eſtoit, comme il dit lui meſme, de le ſçavoir & de le connoiſtre, & qu'il falloit eſti-
mer avec l'Apoſtre, proprement ne rien
ſçavoir que Ieſus, & icelui crucifié, au meſpris de la ſcience & de la Philoſophie humaine, dont le meſme Saint Paul conſeille
ſi ſouvent de fuir l'abus, auſſi bien que S.
Pierre, celui des doctrines fabuleuſes. Dieu

dis-ie me faisant auſſi profondement
ſentir, que parfaitement voir ces maximes, me fit en ſuite facilement meſ-
priſer toutes les ſciences purement humaines, pour m'appliquer à la divine,
& lui donner le iuſte lieu, que merite
la ſolide par deſſus les vaines, & la ſcience de Ieſus, par deſſus celle de tous
les autres Docteurs, ſcience que l'A-
poſtre, qui l'avoit ſi bien apriſe, appelle
eminente, ſans doute pour faire entendre
qu'elle paſſe, & doit paſſer toutes les
autres, dans l'eſtude & dans le cœur
d'un vrai Diſciple comme lui, de ce
divin & unique maiſtre.

Les voyes, dont i'eus impreſſion de
me ſervir pour y atteindre, furent deux,
L'une la lecture & la meditation des
Eſcritures. L'autre la priere & l'eſpure-
ment du cœur ; toutes deux pratiquées
dans l'eſprit & par l'eſprit & grace de
Ieſus que l'Eſcriture meſme me découvriſt, eſtre les vrayes & divines clefs du
cabinet de ſa ſcience. Pour la lecture
& la meditation aſſiduë de cette parole, ie vis que Dieu ordonnant de la
lire, & de la mediter nuict & iour, vou-

loit

loit sans doute estre ebeï , & renvoyant
dans l'Ancien Testament à la Loi , &
dans le Nouveau à Moyse & aux Prophetes, & commandant qu'on y escou-
tast son Fils encore plus qu'eux , obligeoit indispensablement à me servir du
moyen, qu'il avoit laissé pour se donner
à connoistre ; & par lequel lui mesme
(pour le dire ainsi), avoit gravé comme ses traits , dans le caracteres de son
livre.

Mais comme nul ne connoit les choses de Dieu, que son Esprit, qui seul en
fouille les profondeurs, aussi bien qu'il
en parle les secrets, & comme c'est Iesus seul, qui ouvre les sens & fait entendre les Escritures, donnât les yeux de
l'entendement esclairez pour les pene-
trer; Ie fus fortement prevenu de m'a-
donner à la priere, comme à celle, qui
obtient du Pere au dire du Fils leur bon
Esprit, & n'est jamais refusée le demandant à l'un, au nom de l'autre, afin de les
mieux cônoistre & glorifier par lui tous
deux. Ainsi plus par l'Esprit d'onction,
lequel enseigne toutes choses, que par
l'effort de l'estude humain, & plus par

E

l'ayde des Ecritures, qui donnent (comme dit David) *la sagesse aux simples; & qui sont utiles*, comme dit Saint Paul, *pour instruire l'hôme de Dieu, le rendre accompli, & le faire appareillé à toute bonne œuvre*, que par la lecture des Docteurs, je connus mille veritez, que les erreurs & superstitions Romaines ou me celoient, ou me deguisoyent.

Il pleust à Dieu, bien long-temps devant que d'estre appliqué aux estudes de Theologie, de m'eslever si particulierement aux mysteres de la Trinité, de l'incarnation, de l'Economie du salut, de la predestination gratuïte, de la mediation & des offices de Iesus, des grandeurs de sa personne & des secrets de sa vie; comme aussi de m'esclairer tellement sur la force de sa grace, & ses operations dans les cœurs; sur son habitation par la foi, & par son Esprit dans les siens, & sur sa puissance à sauver l'homme, l'homme n'estant puissant qu'à se perdre; sur le culte & service de Dieu en verité & en esprit, & sur plusieurs autres points semblables, que sans l'ayde ni des livres, ni des escoles

humaines, j'en efcrivis dés lors des traitez, tous côformes à mes fentimens pre-
fens, dans l'efquels je n'exprimai fur le
papier, que ce que i'ai tout fuiet de dire,
que l'Efprit mefme de Dieu, m'en imprima dans le cœur.

Dieu ayant permis , que ces traitez
foient tombez és mains de mes adverfaires, qui n'ont rien oublié, ni de leurs
rufes, ni de leurs rudeffes , pour les enlever, a voulu qu'ils euffent dequoi eftre
convaincus, que ie dis le vrai ; & qu'ils
euffent moyen de verifier par ceux qui
traitent, l'un de la vocation efficace,
l'autre du neant humain ; plufieurs de
la connoiffance de Iefus Chrift & de fes
myfteres, plufieurs de l'oraifon & de
la vie Chreftienne ; ceux-ci de l'Efprit
interieur & de fes voyes, ceux là de fes
exercices ; que dés-lors mes fentimens
n'ont point efté differens, de ceux que
i'ai prefchez depuis, & qu'ils font les
mefmes, que ie profeffe à prefent: Pour
monftrer encore que la chofe eft de la
forte, Dieu vouluft qu'il arriva , que
quelques uns de ces efcrits, ayans efté
veus de ceux en la focieté defquels ie

vivois, & estans rigoureusement exa-
minez d'eux selon les maximes de leur
sciẽce, y furent trouvez si peu cõformes,
qu'ils les censurerent de Calvinisme;
& en suite me regarderent comme un
homme d'un esprit, disoient ils, estranger au leur, & contraire à celui de leur
conduite, & de leur societé : quoi que
ces mesmes escrits peuvent faire voir,
qu'ils ne sont conformement au titre
qu'ils portent, que de l'Esprit de l'E-
vangile, qui ne peut estre estranger qu'à
celui qui n'en est pas.

De ce soupçon vint la plainte generale, que i'en suivois un particulier, &
m'esprisois le commun. En effect ie connus cét esprit commun soit du corps
Romain, soit du corps regulier (deux
corps qui n'ont qu'un mesme esprit) si
erronnée & si corrompu, & en sa foi, &
en sa loi, & en ses maximes, & en ses
pratiques, que je ne peux ni approu-
ver celui de l'Evangile, sans condem-
ner le sien, ni suivre l'un, sans quitter
l'autre. Voyant donc leurs erreurs &
leurs esgaremens, je m'en detournay,
& quoi que je semblasse marcher de
corps avec eux, je taschai tousiours de

suivre d'esprit, un autre chemin que le
leur. Ie n'estimai en mon cœur de vrai
lien que celui de la charité de Dieu &
de la loi de Iesus Christ, contre leurs
lois & leurs regles. Ie vis que la plus
grande partie de leurs exercices, reve-
nans fort à ceux des Pharisiens de l'E-
vangile, n'estoit gueres, ni dictée, ni
pratiquée que par un esprit semblable
au leur & que s'ils estoient conformes
de corps, beaucoup de marques prouvoient, qu'ils l'estoient de cœur.

Ie n'eus donc garde d'adherer à leur
creance imaginaire touchant leur œuvres de supererogatiõ, par lesquelles ils
croyent payer Dieu par dessus ce qu'ils
lui doivent, ni de reconoistre leur su-
perabondans merites, par lesquels
ayans fort peu besoin de ceux de Iesus,
ils en croyent avoir provision & pour
eux & pour les autres. Beauoup moins
adjoutai-je foi à leurs Indulgences, ne
reconnoissant proprement que celles
de Dieu ; & à des privileges que je
voyois un peu trop amples, & trop
estendus pour estre valides, & qui alloiẽt
trop loin pour estre suivis, puis qu'ils

paſſoient meſme ce monde, & s'eſten-
doient juſques en l'autre. Ie ne ſceus
non plus interieurement advoüer d'autre regle, que l'Evangile; ni d'autres
côſtitutions, que ſes maximes. Ie ne
creus point d'eſtat plus parfait, que celui d'un vray Chreſtien; ni de Religion
à fond, que celle que Ieſus Chriſt a eſtabli. Ie ne penſai pas, que les Saints,
peuſſent mieux faire que lui, ni que les
Diſciples euſſent voulu ou pû adjouſter,
quelque nouvelle perfection à l'ouvrage de leur maiſtre. Ie connus fort bien,
que les ordres qu'on appelle reguliers,
eſtoient des ordres plus politiques, que
Chreſtiens; & dans leſquels il y avoit
d'autant moins d'Eſprit divin, qu'il y en
avoit plus d'humain. Ie ne m'arreſtai pas
auſſi beaucoup à leurs façõs & ceremonies, qui ne paroiſſent gueres jamais que
payennes, ou que Iuifves. Côme je pris
la liberté de prier par grace, non pas
par methode; je pris celle de croire ſelon l'Eſcriture, & non pas ſelon l'eſcole. Trouvant un meilleur directeur en
moi, que hors de moi, & ſentant l'Eſprit
de Ieſus, s'eſtre fait maiſtre du mien, je

ne me mis pas beaucoup en peine, d'écouter celui des hommes, qui s'efforça souvent, mais en vain, d'estouffer en mon cœur celui de Dieu.

Ayant esprouvé que l'esprit de la société, dans laquelle je vivois, & celui que Dieu m'avoit donné, n'estoient pas conformes, Dieu m'inspira la sagesse d'en esviter, autant que je pourrois, le choc, & de conserver le divin contre l'humain, par le moyen du secret & de la paix. Ce n'est pas qu'en plusieurs occasions, Sathan & le monde ne se soient efforcez de me ravir ce tresor, que je portois dedans vn vaisseau de bouë, mais le mesme, qui l'y avoit mis, l'y garda aussi bien côtre les ruses, que côtre les violences d'un esprit moins fort, & moins sage que le sien. Ie passe ici beaucoup de choses sous silēce, que la charité me fait desirer, de n'estre pas côtraint de dire; & en suite beaucoup de particularitez, touchant les graces que mon affranchissement doit à Dieu, lesquelles i'ai sujet de croire, que l'humilité Chrestienne, & que la bonté de mes lecteurs, me dispenseront de reveler.

2. Cor. 4.

E 4

Croiſſant ainſi de jour en jour en la connoiſſance des Eſcritures, je me trouvai de iour en iour, plus affranchi des tenebres de l'erreur, par les lumieres de la verité. Elles s'augmenterent notablement, par celles que je receus en ſuite dans l'eſtude de Theologie; laquelle connoiſſant par les Eſcritures de Dieu, eſtre bien autre, que celle qu'enſeignoient dans l'Egliſe Romaine les eſcrits des hommes, je me reſolus de l'apprendre plus, par la Bible & par la priere, du maiſtre qui a ſa chaire dans le ciel & dans le cœur, que par les diſputes & les cayers, des maiſtres qui ne frapans que l'oreille, n'ont de chaire qu'en l'eſcole. Ie vis dans cette Theologie Romaine tant d'abus, que ie plaignis bien fort le temps, & que les maiſtres y perdent, & qu'ils y font perdre à leurs Diſciples. Ie n'y vis quaſi que des ſuiets de choc pour la foi, de rebut pour la pieté, & de libertinage pour la conſcience. Ie trouvai ſon Sol ſi ſterile, que ie le iugeai des Landes : & ſon eſcole ſi remplie de chicane, que ie l'appellai ſouvent une ſalle de Palais. Ie deſcou vris dans ſes plus grans & plus celebres Autheurs, tant d'inutilitez, & tant de queſtions ſuperfluës, que ſi on en oſtoit les formalitez, les ſuppoſitions, les abſtractions, & les chimeres; il eſt certain qu'on reduiroit leurs grands volumes à des livres de deux doigts, & que pour le dire ainſi on ne fairoit de leurs Codes, que des Alphabets.

Mais ce qui me bleſſa plus le cœur, fut de voir la prophanation, que cette hardie ſcience faiſoit des myſteres de la Foi. Ie vis qu'elle les traitoit avec tant d'indignité, que ie fus eſtonné, que Dieu la ſouffriſt, & que les hommes l'eſcoutaſſent. Ie vis qu'au lieu d'enſeigner la verité, elle eſtabliſſoit l'erreur, & qu'au lieu de fournir des armes, pour combattre le menſonge, elle en donnoit pour le defendre. Ie vis que ſes nombreuſes ſuppoſitions, ſervoient à faire ſoupçonner aux libertins, que nos myſteres ne fuſſent eux meſmes ſuppoſez; & que les doutes, qu'elle eſmouvoit à tout propos, mais mal à propos ſur eux, ne ſervoient qu'à en donner de leur verité. Ie fus eſtonné de voir,

qu'elle ne pardonnaſt pas meſme à
Dieu, à ſon eſſence, à ſes perſonnes, &
à ſes plus grands attributs, qu'elle com-
poſoit de mille formalitez, côme d'infinis atomes; & qu'elle faiſoit concevoir
chimeriquement, par des abſtractions,
des façons, & des eſpaces, qu'elle meſme appelle imaginaires.

Ie ne fus pas moins ſcandaliſé, de l'in-
iure qu'elle faiſoit aux Decrets d'un
Dieu, de les aſſuiettir à ceux des hommes; & de rendre l'efficace de ſa volonté ſur eux, dependante de la leur. Dans
ce qu'elle enſeignoit touchât les Anges,
ie vis clairement qu'elle ne faiſoit pour
l'ordinaire que deviner, pour ne dire
pas meſme reſver; & que fors le peu de
connoiſſance touchant leur nature &
leurs offices, qu'elle tiroit des Eſcritures, elle ne faiſoit dans tout le reſte,
que ſuivre ſes imaginations, & idolatrer ſes ſonges. Le mauvais traitement
qu'elle faiſoit à IeſusChriſt & à ſa grace,
me toucha ſi fort, que ie iugeai deſſors,
ce que i'ai ſouvent dit depuis, que l'E-
gliſe Romaine crucifioit en Eſprit Ieſus
Chriſt dans la matiere de la grace, com-

me la Synagogue l'avoit Crucifié iadis en sa chair; & que comme l'une avoit espandu son sang, l'autre le fouloit.

Ie ne vis pas moins en elle d'erreurs dans le reste des mysteres, soit de l'E-glise, soit des Sacremens; lesquels ie descouvris, qu'elle avoit prophanez de tant d'abus, qu'ils ne servoient quasi plus qu'à des sacrileges; qu'elle avoit tellement deguisez, qu'ils n'estoient plus connoissables; & qu'elle avoit re-vestus de tant de ceremonies payennes, qu'ils n'estoient plus propres que pour des Gentils, ou pour des Iuifs. Enfin i'y reconnus tant d'excez en tous les points de la foi; sur lesquels elle fait estat d'instruire, que ie trouvay, que qui les apprend, ainsi qu'elle les enseigne, est obligé de les des-apprendre, & à ne connoistre ses principes, que comme de grands ennemis, qu'il faut tousiours reconnoistre, pour deffaire. Si j'eus quelque aigreur contre ses prophanations, i'eus grande pitié de ses ignorances, & plaignis encore plus ceux que i'en vis abusez. Ses petites subtilitez, & ses menuës chicanes, me firent d'abord prendre garde qu'elle s'estoit fort bien nommée, de s'appeller Scholastique, c'est à dire, escoliere, comme n'estant propre en effet qu'à amuser des enfans, & à mal former des apprentis.

Mais quand je vis, que ses principes esbranloient ceux de la foi, & qu'elle dictoit des escrits contraires à l'Escriture, je me resolus de ne les escrire, ni les lire, mais m'adonner entierement à l'unique vraye Theologie, laquelle ayãt le Saint Esprit pour son maistre & les Prophetes & les Apostres pour ses Professeurs, a la Bible pour sa somme. Ce fut lors, que les sentimens de l'Eglise Romaine, m'estans plus manifestement descouverts, par ceux mesmes qui les enseignoient aux autres, j'en connus mieux les erreurs; & conceus d'autant plus de desir de les renverser, qu'on pretendoit m'engager à les soustenir. Certes c'est chose bien estrange, que dans cette Eglise & ses escoles, la science qui fait profession d'expliquer les escritures, les corrompe : & que celle qui fait estat, de desveloper &

d'eſtablir là creance de nos myſteres, en l'obſcurciſſant par ſes phantaiſies, l'ébranſle par ſes chicanes. Auſſi void on qu'au lieu de faire des fideles, elle fait ſouvent des Athées; & par les ſubtilitez qu'elle appelle ſes abſtractions, & preciſions, taille en effet ſi menu tous nos myſteres, que quand on les veut prendre, tels qu'elle les donne, on trouve qu'ils ſe ſont comme eſvanouïs & qu'on ne ſçait plus où ils ſont, ni ce que leur Sainteté, & leur grandeur eſt devenuë.

Helas! qui eſt le fidele, qui ne ſçait, ou pluſtoſt ne ſent? que des myſteres de foi, doivent eſtre pris en foi? c'eſt à dire en un eſprit plus porté à les adorer, qu'à les ſonder? Que Dieu veut eſtre creu ſans eſtre veu? ou n'eſtre veu qu'en ſon nuage? Qu'il habite dans un jour tenebreux, & que ſa lumiere eſt inacceſſible; Et qu'enfin ce n'eſt pas en vain, qu'il eſt eſcrit, *Que le curieux ſondeur de ſa majeſté, ſera ſurpis & accablé de ſa gloire.*

Exode, 40.

1. Tim. 6.

Prov. 25.

CHAPITRE QVATRIESME.

L'Autheur poursuivant à rendre compte de son Apel & de sa delivrance par Iesus Christ & sa parole ; raconte trois points importans, sa Prestrise & son Ministere ; Sa separation d'avec les Iesuites : Sa Mission & ses emplois dans l'Eglise Romaine, & dans la predication de l'Evangile de nostre Seigneur ; & fait un abregé tant de ses persecutions, pour la parole, & le soustien de la verité, que des merveilles que Dieu a fait pour l'en délivrer.

ENcore qu'il semble que j'aye sujet d'aprehender en quelque façon, que le recit de mon saint affranchissement, n'ennuye un Lecteur, qui n'en a pas d'estre beaucoup charmé de mon entretien ; je ne peux pourtant que je ne le prie, d'exercer sa patience, en la le-

ture des chofes qui me reftent à lui
raconter, & que je voudrois bien lui
rendre auffi agreables, qu'elles femblent neceffaires. Ce font les trois
points,qui concernent d'autant plus ma
délivrace par la grace de Iefus Chrift &
par fa parole, qu'ils l'ont heureufement
acheminée, & ont mefme beaucoup
difpofé & contribué à l'achever. L'un
eft ma Preftrife, & mon Apel au faint
miniftere; L'autre ma feparation de la
focieté des Iefuites, lors qu'il pleuft à
Dieu, qui m'y avoit mis par fa providence,d'ufer du droit qu'il avoit,de m'en
retirer pour fes deffeins; & le troifief-
me, eft mon actuel emploi dans la predication de l'Evangile, pour l'eftablif-
fement de la verité.

Quant au premier, qui eft l'eftat de
la Preftrife, que i'ay toufiours entendu
prendre & au fens, & à la façon de la
primitive Eglife, dont les Pafteurs, les
Predicateurs & les vrais Miniftres, ont
obtenu le nom de Preftres & d'anciens,
plus par l'authorité de la grace, que par
l'authorité de l'âge, & comme plus   1. Tim.
avancez en la prudence du ciel qu'en   4.

celle du siecle ; je croi pouvoir prendre
sans temerité le juste sujet de dire, que
je le tiens plus de Dieu, que non pas des
hommes ; & que je peux produire des
marques , d'y avoir esté legitimement
appellé. Non seulement à cause de l'âge
qui semble cotté dans l'ancienne Loi,
& qui a sa belle figure dans l'âge de Iesus Christ en la nouvelle ; mais encore
quant aux dispositions & marques particulieres, dont Dieu a coustume de revestir , plus ou moins selon ses desseins,
& selon la mesure de la donation de
Iesus Christ ; (comme dit l'Apostre)
ceux qu'il appelle à la participation de
ce sien estat.

La premiere de ces marques & de ces
dispositions, est le mouvement interieur, que Dieu m'en donna long-temps
devant, & les sentimens par lesquels,
il m'imprima par son esprit, qu'il me
destinoit à cette charge , plusieurs années devant celle, en laquelle il m'y pro-
meut. La seconde, est la haute & affe-
ctueuse idée, qu'il me donna de cét estat,
comme de la plus sublime fonction qui
fut en la terre , & comme de la plus
proche

proche participation des estats de Iesus,
& de ses offices. Idées que je me con-
tente de comprendre toutes sous le
mot, sous lequel Saint Paul les a com-
prises disant, qu'on ne pensast de lui, &
du reste des vrais Prestres, & Apostres
de Iesus Christ, que comme des Mini- 4. & 5.
stres de son grand estat, & des dis-
pensateurs des mysteres de son Pere,
comme des ambassadeurs de Dieu, qui Eph. 6.
avoiēt la parole de sa reconciliation en
leur bouche, comme des Anges de paix,
qui en avoyent & les articles & le ma- 1. Cor.
niment, enfin comme des vives images 4. & 11.
de I. Christ mesme, dont ayans l'autho- &c.
rité & la doctrine, ils representoient non
seulement la puissance, mais les œuvres.

La troisieme est, La connoissance
que Dieu me donna, qu'il ne faloit
point entrer sans son Apel non seulement exterieur, mais interieur, dans cet
estat, lequel Apel ne cōsistoit pas tant en
effet dans le tesmoignage de la volonté
des hommes, que dans le tesmoignage
de la volonté de Dieu ; & sans doute,
plus & plustost dans la signification interieure de son Esprit, que dans l'exte-

rieure de sa providence. Sur quoi je me côtenterai de dire ici briefvemēt ce que j'escrivis bien au long depuis, que Dieu me fit clairemeut connoistre les qualitez d'un vrai Apel & dans l'ancien Testament, par la veuë & la consideration de ceux de Melchisedec, de Moyse & d'Aaron, de Samuël, de David, & generalement de tous les Prophetes, & dans le Nouveau, par la connoissance de celui de Iesus Christ mesme, *qui ne s'est point clarifié pour estre Pontife*, & en suite de celui de les Apostres, lesquels ont tous attendu, que celui qui les avoit faits Chrestiens, les fit Prestres ; & qu'il les appellast comme il fit du commun de son troupeau pour les en declarer Pasteurs ; & du corps de son Eglise, pour les en faire sous lui en quelque façon les chefs.

Ie vis par mesme moyen, les estranges desordres de l'Eglise Romaine dans son ordre mesme, le grand défaut d'Apel divin, qu'il y avoit en ses Ministres, les excez qui se commettoient en leurs entrées & promotions, ausquelles la simonie & l'avarice, l'orgueil & la va-

hité, & les revenus des chaires & des
Autels, ouvroient ordinairement la porte. Dieu m'a fait la grace d'en mettre
les connoissances & les preuves par
escrit dans un traitté du Sacerdocé, que
m'ont enlevé mes adversaires, par lequel ils ont dequoi verifier, que mes
sentimens ont esté ceux que je dis, &
que mesme comme ils en peuvent tirer
sujet, de douter de leur Apel; je peux
Dieu merci en tirer juste sujet, de ne
douter pas du mien.

La quatriesme est, Qu'en particulier plus d'un an entier devant le temps
de ma promotion, Dieu m'appliqua
du tout à m'y preparer; & pour cela
m'obligea de vivre, & en plus grande
retraite, & en plus grande priere. Ie ne
peux pas mesme celer, que Dieu me fit
la grace de ne me presenter jamais aux
actions qu'il faut faire, pour estre promeu, que touché extraordinairement
de lui, attiré par le Pere, receu du Fils,
& meu, conduit, & consolé du Saint
Esprit: Mais sur tout le jour, qu'un Per-
sonnage d'Illustre memoire, & desabu-
té de beaucoup d'erreurs decedé hors

C'est defunct Mr. de Marot Evesq.

de Ba-
zas de-
cedé l'â
1645. à
Toloze

du lieu de son Episcopat en odeur de
pieté, aussi bien qu'esclairé de la verité
à m'imposa les mains; Ie ne peux pas dissimuler, quoi que j'ai peine a le dire,
qu'en quelque façon je sentis plus, les
mains de Iesus Chrift, que les siennes,
& l'onction interieure, dôt la tres-Sainte
Trinité oignist mô cœur, plus que l'huy-
le exterieure avec lequel il oignit mes
mains. La modestie que j'attens de mon
Lecteur, & celle qu'il attend de moi,
m'excusera s'il lui plaist de m'expliquer
davantage là dessus; n'estant ce me semble obligé, qu'à l'asseurer, que Dieu
m'a plus fait Prestre que les hommes;
Et que j'ai sujet de croire, que mon ministere & mon envoi derivent de lui.

Ie le sentis dés-lors de la forte, par
beaucoup de ferveurs, & de faveurs interieures & particulieres; par de plus
abondantes communications divines,
que celles que j'avois coustume de recevoir, par plus grande infusion de
connoissances & de lumieres sur naturelles sur les veritez, & sur tout par
un certain revestement spirituel, interieur, & nouveau de Iesus Chrift com-

me *Chrift*, c'eſt à dire comme, ſouverai-
nement *Oinct*, & m'oignant lui meſme
comme un de ſes enfans, & de ſes mi- Pſ. 44.
niſtres, ou meſme *de ſes conſorts & com-
pagnons*, ainſi que parle David, *du baû-
me de ſa lieſſe.* Ie dois meſme cette gloire en particulier au Sainct Eſprit, de
confeſſer l'avoir ſenti, comme divin
ſceau en moi, non ſeulement de pro-
meſſe, mais de Preſtriſe; & d'heritage
entre les Levites, deſcendus non ſelon
la chair, d'un tel grãd Preſtre qu'Aaron;
mais ſelon l'Eſprit, d'un tel ſouverain
Pontife que Ieſus.

Ie peux adjouſter pour cinquieſme
marque à ces quatre, qu'en meſme téps
que je fus promeu, je receus comme
de nouveau une ſi grande lumiere ſur
les myſteres de la Foi, & ſur les veritez
de l'Evangile, que ſi je les avois veuës
auparavant comme un jour naiſſant, je
les vis lors comme un plein midi; & à
proportion de leur clarté découvris en
meſme temps, l'obſcurité des erreurs de
Rome, comme une vraye minuit. Cer-
te veuë me portant, non ſeulement à ſuivre moi meſme, mais à m'employer à fai-

re fuivre à autrui les fplédeurs des unes, me donna defir de travailler à diffiper les ombres des autres ; & ce defir m'allumát de zele, fit que je commençai à exercer aux occafions, l'office que je venois de recevoir, Dieu permettant que j'en euffe le moyen, & que tant par la plume que par la parole, je peuffe découvrir fa veri-té à quelques yeux affidez.

En effet c'eft mefme une fixiefme marque de mon Apel à cét eftat, que Dieu m'en donna le zele, & les occafions de l'employer, & non feulement le zele & les occafions, mais (fi je l'ofe dire) les graces & les moyens d'y reuffir. Comme il me donna lumiere pour entendre fon Efcriture , il me donna facilité de l'expliquer ; & en mefme temps joignant l'oüye à la parole , fit lui mefme mon auditoire de plufieurs coeurs, qu'il difpofa en plufieurs endroits à m'efcouter. Il fit dedans & dehors, que je fus particulierement gouf-té de quelques uns, qui rendans tef-moignage à fon Efprit & à fa parole, &

1. Cor. *eftans* (pour parler avec Saint Paul)
9. *comme le fçeau de mon miniftere & de*

mon envoi, furent en quelque façon
mon Eglise & mon troupeau, que
Dieu m'obligea de paiſtre, & de bouche & par eſcrit, lui meſme donnant
efficace ſur leurs cœurs à ſa parole.
Cette marque d'effectif emploi, &
d'heureux effet, ſur les ames touchées
de Dieu par mon miniſtere, m'a tellement accompaigné par tout, qu'en
quelque lieu que i'aye eſté, & que Dieu
m'ait mis (n'ayant iamais cherché de
me mettre de moy meſme dans aucun)
il m'a touſiours donné bon nombre de
cœurs, & à inſtruire & à conduire, ſans
que i'aye iamais rien fait, pour en chercher, ou en attirer.

Les converſions de pluſieurs, & les
notables changemens des mœurs arrivez dans les lieux, où il a pleu à Dieu
me faire eſcouter, ſont des preuves de
ſa parole & de mon envoy, que i'ay
touſiours plus cheri que les concours &
les aplaudiſſemens; & Dieu merci les
impreſſions en ont eſté ſi viſibles & ſi
fortes, que les ennemis meſme de la
verité, ne les ont pas peû deſavoüer. Ne
pouvans non plus nier quelques petits

avantages que Dieu avoit mis en moi pour l'explication & l'intelligence des myſteres, ce qu'ils ont fait (ſoit en les aviliſſant, ſoit en ne les rapportant pas au Saint Eſprit, auquel ils ſont deus) eſt qu'ils les ont eludez, & ſe ſont rouſiours efforcez par tout, de les faire attribuer pluſtoſt à la nature qu'à la grace. Mais i'appelle volontiers avec Saint Paul, Dieu à teſmoin, diſant de bon cœur avec lui, *qu'il ſçait que ie ne ments pas, & que ie parle devant lui, ma conſcience me rendant teſmoignage par le Saint Eſprit, & diſant par lui la pure verité en Chriſt, d'un cœur net, d'une conſcience pure, & d'une foi nullement feinte;* Que ce que je ſçai de Dieu, je le ſçai vrayement de lui, & le tiens plus de ſes enſeignemens, que de ceux des hommes; ains j'oſerai franchement dire, que je ne le tiens preſque point des leurs, pouvant aſſeurer que i'ay eſté, durant plus de quinze & meſme vingt ans, ordinairement inſtruit de ſon Eſprit ſur ſes myſteres, par la pratique de l'oraiſon, ſelon qu'il me l'a inſpirée, & par la meditation de ſes

Efcritures, felon qu'il lui a pleu me les faire entendre.

Il ne m'eft pas feant d'en dire les particularitez, & comment dans la folitude & le filence, Dieu m'a appris, fans le fon des paroles, & l'ayde des caracteres, une Theologie en fecret, dont Iefus Chrift eft le maiftre. Pour preuve de cela, mes adverfaires trouveront parmi les papiers qu'ils m'ont ravis, non feulement plufieurs traictez, qu'ils ont auffi; mais mefmes plufieurs pieces particulieres, lefquelles declarent & rendent compte, & en profe & en fainte Poefie dont (Dieu me donna, fi non l'elegance & la politeffe, peu neceffaires à fon Efprit, au moins la facilité & la vive expreffion) comme quoi fon Efprit m'inftruifift en fecret fur fes myfteres, & me fit fon Difciple caché & interieur, pendant que je l'eftois public & exterieur de celui des hommes. Entre ces pieces je ne craindrai point d'en nômer, & coter deux particulieres, qui deduifent naïfvement ce que je dis, dont l'une commençant par ces mots *Logé par deffus la nature &c.* L'autre par

ceux-ci, *Divin poſſeſſeur de mon ame* &c.
Toutes deux cõpoſées, lors que i'eſtois
encore du corps exterieur des Ieſuites,
teſmoignent aſſez ; que ce n'eſt pas à
eux (ainſi que i'ay deſia dit) que je dois,
ce que je ſçai, puiſque je ſuis obligé de
dire, & que ces pieces meſmes veri-
fient, que ie ne le dois qu'à Dieu.

Ce diſcours m'engageroit icy tres à
propos, à parler du troiſieſme point, de
ceux que i'ay propoſez ; ſi devant que
d'y paſſer, ie n'eſtois neceſſité de declarer le ſecond, qui eſt mon heureuſe ſeparation de la ſocieté des Ieſuites, dont
i'ay autrefois comparé le bien, à un eſpece de ſecond Bapteſme. Dieu la fit
manifeſtement lui meſme, n'y ayant
contribué rien de mon coſté, ni quant
au deſſein, ni quant à ſon execution,
que ce en quoi je n'ay pas peû eſviter
de lui obeyr. Il m'y diſpoſa & achemina
de loin, par deux choſes particulieres,
dont il m'occupa durant pluſieurs mois,
immediarement apres ceux qui ſuivi-
rent ma Preſtriſe. La premiere fut, de
me prevenir d'une veuë generale & particuliere, auſſi preſſante, que continuel-

lement presente, des indicibles corruptions, abus & erreurs de l'Eglise Romaine en son culte idolatre; en sa foi
erronée, & en sa conduite tyrannique;
ou bien (pour m'expliquer encore, dans
les termes dont ie me suis long temps
servi) en sa fausse doctrine, pieté, authorité, & prophane administration, tant
des Sacremens que de la parole de Iesus
Christ, & enfin en toutes ses fonctions
& ses ministeres, corrompus ou par l'esprit d'ambition, & d'avarice; tesmoin
son ordre, ses Messes, ses chants, & ses
mortuaires, confessions, confrairies &
autres pratiques; ou par l'esprit de l'injustice, de la violence, & de la ruse,
comme tesmoignent quasi tous les actes
de sa justice mesme, & de sa cour, de sa
conduite, & de la double jurisdiction
spirituelle & temporelle, qu'elle exerce
esgalement sur les corps & sur les ames.

Lisant les Prophetes & les corruptions, dont ils accusent Ierusalem, je
ne peux point dissimuler en ma conscience, à celle de mon Lecteur, que
Dieu me fit voir, qu'ils pouvoient estre
fort bien pris, pour des gens qui par-

foient à l'Eglife Romaine fous ce nom,
& leurs perfecutions mefmes m'ouvri-
rent les yeux, pour remarquer que l'une
traitoit encore fes Prophetes , comme l'autre avoit fait les fiens. Les em-
prifonnemens de Meffieurs Laurens de
Troye & de fes amis, de Seguenot, &
de Meffire iean du Verger , defunt Abbé
de Saint Ciran , & de plufieurs auttes
ferviteurs de Dieu , (arrivez en France
en ce temps là, auquel l'Eglife & le cloi-
ftre faifoit mettre par tout les faints en
prifon) m'en firent voir non feulement
la Theorie, mais la pratique; & m'o-
bligerent à advoüer, que la verité dans
l'Eglife Romaine, ne pouvoit eftre que
mal traittée, eftant chez elle entre les
mains mefme du menfonge, & de gré
ou de force efclave de fa puiffance.

Me trouvant tous les jours dans la
compagnie de ceux , qui rioyent de
leurs afflictions , i'en pleurois , fans
neantmoins ofer faire monter les lar-
mes de mon cœur iufques à mes yeux,
de peur de mefler un dueil particulier à
une joye publique, & offenfer des
yeux joyeux de la captivité des Saints,

qui n'en vouloient pas voir, qui les pleuraſſent, & qui compatiſſent a leurs ters. Me reſervant a deſcouvrir en quelque autre ouvrage tant les corruptions & les abus, que les ſuperſtitions & les erreurs, que Dieu me fit connoiſtre regner en tout le corps general, & les membres particuliers de la Religion Romaine; je me contenterai de dire icy, avec une ſimplicité [que je ſuplie qu'on ne prenne pas pour aigreur] & par une façon de parler [que je ne deſire pas qu'on eſtime injurieuſe] mais de laquelle je ſuis obligé de me ſervir, pour rendre teſmoignage à la verité de Dieu, & deſcouvrir nettement, la veuë qu'il m'en donna ; que la façon, dont il me fit entendre la corruption de cette Egliſe, fut qu'en liſant avec grande reflexion tout le Nouveau Teſtament, & y remarquant à tout bout de champ la conduite de la Synagogue; je ne peux m'empeſcher d'y voir celle de cette Egliſe ſous ſon nom, & quelque choſe de ſi ſemblable en ſa doctrine en ſa pieté, en ſon authorité, & meſme, en ſes ordres, ou pluſtoſt deſordres ; &

de si conforme & semblable en tout,
qu'à peine y remarquai-je une seule difference, & ne peux jamais m'empescher
en l'esprit & en la lumiere de Dieu, apres
l'examen des Escritures, de les prendre, l'une pour mere, & l'autre pour
fille, ou plustost toutes deux pour sœurs.

La seconde chose que Dieu permit
qui m'arriva en suite de celle là, & mesme avec elle ; fut une seconde veuë de
la corruption particuliere de tout l'estat
regulier, & par mesme moyen du Clerical, & du devot ; dans lesquels Dieu
me fit voir, tant de superstitions & de
ruses spirituelles ; tant d'inventions &
de traditions humaines ; tant de pieté
sophistiquée , de bigoterie & de foiblesse ; tant d'interest, & de vanité ; &
mesme tant d'autres excez, que je serai
bien aise, qu'une juste deffense ne m'o-
blige jamais à découvrir, pour repousser
d'injustes ataques ; qu'en lisant l'Exode,
je sçai bien, à quoi Dieu m'obligea de
les comparer, soit dans les histoires de
Iacob & de Ioseph ; soit dans celles de
Moyse, & du pauvre Israël captif ; soit
dans les livres des Rois & des Pseau-

mes, en celles de David & mesme d'E-
lie ; soit parmi les revelations des Prophetes, dans le recit de leurs persecutions, & des fausses pratiques de ceux
qui portoient faussement leurs noms;
soit enfin particulierement dans l'Evangile & les Actes des Apostres, en la
confrontation de tant de divers corps
& de sectes tenuës pour religieuses du
temps de Iesus Christ & de ses Disciples,
composées les unes de Pontifes &. de
Prestres, les autres de Scribes & de Docteurs ; ceux-ci de Saducéens, ceux là
d'Herodiens ; mais sur tout du corps des
Pharisiens estimé le plus saint comme
le plus superstieux & le plus austere, le
plus grand jusneur, & le plus mortifié
de corps, mais non pas le moins fin
& le moins adroit d'esprit; que je fus
tout estonné, de ne pouvoir desavoüer,
que les chapitres sixiesme & vingt-
troisiéme de Saint Matthieu, le douzies-
me de S. Marc, l'unziesme de Saint Luc,
& plusieurs autres semblables, (qu'un
aussi sincere, que curieux lecteur peut
consulter) se pouvoient naïvement appliquer aux personnes, qui font estat

Matth.
6 & 23.
Marc 12
Luc 11.
& 20.

en ce temps, aussi bien que les Pharisiens
en celui là, & d'exterminer leurs faces,
& de déchirer leur peau ; & de prier
long temps de bouche & d'estendre
plus leurs maisons que les franges de
leurs robes, & d'écumer tout en dis-
mant, & de recõmander sur tout le tronc
du temple, les offrandes de l'Autel, l'am-
ple entretien des bouches inutiles qui y
servent, ou qui disent y servir ; aussi bien
que de rehausser le riche ornemēt du san-
ctuaire & de ses dorures ; de ses chan-
deliers & de ses vases d'argent ; la som-
ptuosité de ses riches voiles, les uns de
soye, les autres de pourpre, tous couvers
& esclattans d'or, bien plus necessaire à
vestir des pauvres, que des autels, & enfin
à faire valoir la devotion pretenduë, &

2 Mach.
12.

aussi celebre que lucrative, du grand Iu-
das Machabée employât les douze mille
dragmes d'argent à faire prier, comme
ils disent, pour les morts ; encore que
selon leur adveu mesme, il faille accorder que ces morts, avoient esté des
idolatres.

Enfin pourquoi craindray-je de le
dire, puisque Dieu m'obligea de le penser

ſer ? les corruptions du corps Ecclefiaſtique & Regulier me furent repreſentées en Eſprit, comme ſous l'ombre &
la figure d'un dernier Phariſaïſme, qui
ne cedoit en rien au premier ; Pour
preuve dequoi, je n'eus qu'à en faire la
confrontation par l'Evangile, & en y
liſant d'un coſté, ce qui ſe paſſoit dans
le ſiecle de Ieſus Chriſt, faire reflexion
de l'autre, ſur les choſes qui ſe paſſoient
dans le noſtre. Certes i'y vis les corruptions ſi ſemblables, qu'il me ſembla
qu'un méſme Evangile, eſtoit eſcrit
pour les deux temps ; & que le dernier,
qui n'avoit pas ramené la Sainteté,
avoit ramené la malice du premier.
Qu'on ne croye point, que la paſſion
ou l'aigreur me faſſe laſcher cette remarque, que je ne dis que par Eſprit
de fidelité à Dieu, & par l'obligation
qu'il m'impoſe, de rendre teſmoignage
à ſa verité. Ie ſens à meſme temps en
mon cœur, trop de charité à l'endroit
de leurs perſonnes, pour ne ſeparer pas
d'elles leurs defauts, ou pluſtoſt ceux
de leur eſtat, & de la corruption de
leur eſtat, de laquelle je voudrois

les voir tellement gueris, qu'on n'euſt
plus ſujet de les regarder comme des
malades, ni de les prendre meſme en
un corps tout corrompu, pour les parties peut eſtre les plus gaſtées. Il eſt des
hom̄nes de bien en tous les Ordres
Reguliers, qui l'ont ainſi reconnu; & au
beſoin je ſçaurai bien citer, de bons &
irrefragables Autheurs parmi eux, qui
dans leurs lamentations & leurs lettres,
ont autant tracé de leurs pleurs, que de
leurs plumes, leurs abus.

Si ie ſuis obligé un jour, de me ſervir & de leur authorité, & de leur
exemple, i'eſpere traiter avec tant de
douceur des points en particulier, que
je ne fais qu'indiquer icy en general;
que ceux meſmes, qui me contrain-
dront à leur dire leurs defauts, m'en
ſçauront bon gré, s'ils ayment d'en
eſtre avertis ; & ſeront contraints
d'avoüer, que non l'animoſité, mais la
charité, m'aura obligé de les leur dire.
Pour le preſent, la ſincerité de ce recit,
me forçant à rendre compte, de la conduite que Dieu à daigné tenir ſur moi,
m'engage à dire, qu'afin que je ne

creuſſe pas, que les veuës qu'il me donnoit, fuſſent des ſonges, ni mes con-
noiſſances des fictions; il vouluſt, que
deux choſes particulieres, me prouvaſ-
ſent, que ce que je voyois d'eſprit, eſtoit
de corps, & que des eſtres reels, non
pas des ombres & des phantoſmes, re-
pondoient à mes veuës & à mes penſées.
Ces preuves furent d'autant plus faciles, qu'elles furent toutes deux viſibles,
& d'autant plus aſſeurées & moins ſuſ-
pectes, que je ne les pris que des mains
meſmes des parties, & ne jugeai de leur
mauvais droit, que ſur leurs pieces, &
par leurs propres depoſitions.

L'une de ces preuves fut, que beaucoup de livres de la conduitte, & de
la police reguliere, de ſes maximes &
de ſes hiſtoires moins connuës, m'e-
ſtans tombez entre les mains; j'y apris
beaucoup de myſteres, que leurs plus
grans Miniſtres d'eſtat ſpirituel, ont
raiſon d'appeller ſecrets; & de tenir
cachez comme tels, à ceux ſur leſquels
ils les pratiquent, ſans les leur faire connoiſtre, & qu'ils menent les yeux ban-
dez, par des chemins qu'ils ne voyent

pas, à des termes & des buts, qu'ils
voyent encore moins. Ie tais par charité & par fageſſe, les noms de ces ſecrets livres, afin que la curioſité de les
trouver & de les voir, ne nuiſe ni à la
reputation de leurs Autheurs, ni encore plus à celle de ceux, dont ils deſcrivent la police. Il y en a, qui ont des
Generaux meſmes d'ordre pour Autheurs, d'autres de grãds, & renommez
ſuperieurs : Quelques uns portent le
ſpecieux titre de ſecrets, & de tres grãds
ſecrets ; & ce qui eſt conſiderable, bien
loin d'eſtre faits par des plumes ſuſpe-
ctes, ou ennemies (comme ſont celles
de ceux, qu'ils appellent heretiques &
impies, dés qu'elles deſvolopent leurs
myſteres.) ils ſont eſcrits par des domeſtiques, & la plus part meſme par des
mains, leſquelles ayant formé & manié
cette ſorte d'eſtats dedans les eſtats, en
ont eſcrit les memoires, non ſeulement
avec plus de ſoin ; mais meſme plus de
ſubtilité, que les Republiques n'eſcri-
vent les leurs.

Ie ne peux que je n'avoüe, que la lecture de tels livres m'effraya, & que je

fus eſtonné de voir, les meſmes maximes dans eux, que i'oyois que les livres
les plus politiques enſeignoient. Je ne
dirai pas ſeulement les politiques Chreſtiens; mais entre eux, ceux qui le ſont
moins, & qui ſont meſme creus n'enſeigner qu'une prudence payenne. Auſſi
y en à t'il parmi ceux là, qui s'emblent
diſputer la palme à Tacite, pour ne
dire pas qu'ils combinent avec un plus
mauvais Autheur, touchant des principes execrables & horribles, que de
tels Caſuites non Docteurs, mais de-
ſtructeurs des conſciences, ſemblent
avoir empruntez de lui. En effet i'en-
tendois ſouvent des gens ſe vanter, que
leurs conſtitutions eſtoient auſſi fami-
lierement ſur la table des Miniſtres
d'eſtat, que ſur celle des Miniſtres ou
Superieurs d'ordre, & que les Republiques eſtoient bien aiſes, d'apprendre des Religions, les moyens de ſe
maintenir, auſſi bien que ceux de s'a-
grandir. Ie ne veux pas authoriſer, ce
que quelques uns ont dit, que meſme
la plus grande Politique ſeculiere, n'a-
voit pas des inventions ſi ſubtiles que la

Reguliere ; & que foit pour acquerir des biens, foit pour efloigner des maux; foit pour joüer les fimples , foit pour furprendre les fages; elle ne fourniffoit pas de fi couvertes habilitez, ni de fi fpecieux pretextes , que la Politique des Cloiftres, où tout paffoit pour pieté : Mais je ne peux pas auffi nier, y avoir veu des fecrets, pour foumettre les efprits, faire ployer les courages, manier comme on veut les Innocens, perfuader les foibles & les credules , & pour agrandir un eftat, eftendre fes bornes, fonder fa puiffance, & regner abfolument, efgaux à ceux qu'enfeignent ces fortes de livres, & que les ordres Reguliers, gardent regulierement pour parvenir au point de la grandeur, de l'opulence, de l'honneur, & du credit où ils font , & où au lieu d'en decheoir ces maximes obfervées les confervent.

La feconde preuve, que Dieu ordonna, que i'eus des corruptions que lui mefme me faifoit connoiftre, fut la confrontation des maximes des livres, aux mœurs des perfonnes, & aux con-

duites que je vis tenir dans beaucoup
d'affaires, dont Dieu vouluſt, que i'euſſe
la connoiſſance, & viſſe meſme la pratique. Il s'en paſſa de ſi eſtranges tant
eſtrangeres, que domeſtiques, concer-
nantes l'eſtat Regulier de toutes ſortes
de perſonnes, & de ſexes, que i'eus tout
ſujet d'eſtre inſtruit, non ſeulement des
miſeres de leur condition, mais des
abus de leur conduite. La charité m'a
fait taire juſques icy, ce qu'il n'y a
qu'une juſte deffenſe de la verité qui
me faſſe dire, pour repouſſer les inju-
ſtes attaques de la calomnie & du menſonge. C'eſt à la violence & à la malice,
à prendre garde, de ne m'y contraindre
pas, & à conſerver elles meſmes leur
honneur, en ne deſchirant pas celui
d'autrui. On pourroit faire tel tort à
l'innocence, qu'elle ſeroit contrainte
d'uſer de ſon droit, & en repouſſant ſes
adverſaires, les obliger à ſe faire eux
meſmes du mal. Dieu a voulu que i'euſſe
dequoi, pointer contre pluſieurs de leurs
propres armes, dont i'ay toleré juſques
icy, qu'ils ne fiſſent que me bleſſer. Ie
croi leur dévoir continuer ce charitable

rrecte — date incorrecte

Z 43 120 12

avis pour une derniere fois, qu'ils ne contraignent pas l'innocence & la verité, à une defense qui leur nuise, & à mettre au jour des choses qu'ils ont interest, que les tenebres d'un silence, que i'ay gardé jusques icy inviolable, tiennent a iamais couvertes, Ie donne cét avis esgalement aux deux estats, dont Dieu a voulu que je connusse les corruptions, non seulement en general, mais encore en particulier, & dont i'ay tousiours mieux aymé, & ayme encore mieux l'amendement, que ie n'en ay desiré, ni n'en desire le décry.

Esaie. 28.

Dieu dont la sagesse reprouve celle du siecle, veüille faire connoistre à ceux qui introduisent dans les corps, qu'ils appellent leurs Religions, une sagesse contraire à celle que Iesus Christ a introduit dans la sienne, combien ils s'égarent de lui, qui en est l'unique reigle, & en se pretendant servir de la maxime Matth. 10. qu'il a donnée, *d'estre prudens comme des serpens*, lui font tort de n'adjouster pas d'estre *simples comme des Colombes.*

CHAPITRE CINQVIESME.

Continuation du mesme sujet, & du recit des voyes que Dieu a tenu sur l'Autheur pour le separer d'avec les Iesuites, l'employer à la predication de l'Evangile & le delivrer des persecutions qu'il a subies pour le soustien de la verité.

ME dispensant avec autant de charité, que de justice, de ces sortes de recits, qui ne me seront jamais que violens, & pour le dire ainsi aussi fascheux qu'à autrui ; je ne fais que descouvrir trois points, que je ne peux pas celer, dans lesquels ces lectures, & ces connoissances de Politique reguliere m'engagerent. L'un fut l'aversion de sa prudence charnelle ; l'autre le gemissement sous son joug, & le troisiéme le desir de l'éviter, & d'embrasser avec plus d'ardeur que jamais, la seule sagesse de l'Evangile, & l'unique esprit vrayement

Ecclefiaſtique & religieux, qui eſt celui de l'Egliſe, & de la Religion de Ieſus
Chriſt.

Ce fut la cauſe, pour laquelle je me
tournay de nouveau vers la lecture & la
meditation de l'Eſcriture, & embraſſai
la doctrine de l'Evangile, avec d'autant
plus d'amour, que l'horreur de ces livres politiques, me portant à une juſte
averſion de leurs fourbes, m'avoit donné plus d'affection pour ſa ſimplicité, &
plus d'eſtime pour ſa ſageſſe. Ie pris
donc, & eſpouſai ce divin livre, que
mon cœur ſerra de nouveau, & qu'il
me ſembla que Dieu m'obligeoit à devorer, comme jadis un Prophete, & un
Apoſtre, furent obligez de faire paſſer
dans leurs eſtomachs, ceux que Dieu
fit paſſer devant leurs yeux. Voyant
combien on eſtoit deſcheu de ſon eſprit
i'eus un plus grand deſir que jamais, d'y
remonter moi meſme, & d'y faire remonter autruy, ne ſentant point d'ardeur pareille, à celle de voir la primitive Egliſe revenir, & le premier Chriſtianiſme reſtabli.

Comme ce premier Chriſtianiſme

devinst plus qu'auparavant, l'objet de mon admiration, il fut plus que jamais le sujet de mon amour, & comme d'un costé j'en vis dans l'Evangile le but si haut, le dessein si admirable, les principes si iustes, & les mysteres si puissans; la fondation si divine, les commencemens si fervens, les progrez si merveilleux, enfin la verité si certaine, le culte si pur, les maximes si saintes, les obligations si estroites, & les motifs de les accomplir si pressans; & que de l'autre ie découvris un si grand dechet de son esprit, & quasi tout son visage gasté, defiguré qu'il estoit, tant par l'erreur dans la foi, que par la corruption dans le culte & dans la conduite; i'eus un infini regret de le voir si peu connu, & moins pratiqué, degeneré en paganisme d'un costé, en Iudaïsme de l'autre, & devenu partie superstitieux, partie idolâtre.

A mesme que ie sentis cette grande douleur de ses bresches, ie sentis un grand desir de les reparer; & si l'ouvrage surpassa ma main, son idée ne laissa pas de monter à ma pensée, & de faire impreſſion vive ſur mon cœur. Ie me trouvai meſme excité, à en demander à Dieu l'accompliſſement, & à m'offrir à lui pour y travailler, eſperant d'eſtre fait de foible & inutile de moi-meſme, Inſtrument fort & effectif en ſa main. Ie ne craindrai point d'adiouſter, qu'il me ſembla, que s'il me faiſoit deſirer ce renouvellement Chreſtien, il ne me le faiſoit vouloir qu'apres lui, qu'il en avoit vrayement en ces derniers iours le deſſein, & qu'en lui demandant l'accompliſſement de mon deſir, ie ne faiſois que lui demander l'accompliſſement du ſien.

Voyant un faux Chriſtianiſme avoir eſtouffé le vrai, ie me ſentis armé de zele, pour ayder le legitime contre le baſtard; & vis qu'il n'y auroit iamais de paix dans la maiſon de Sara, qu'Iſmaël n'euſt cedé la place à Iſaac, que Iacob n'euſt ſupplanté Eſau, & que David ne ſe fut aſſis ſur le troſne meſme de Saül. Que l'Evangile eſtant l'unique regle de la foi & de la loi, il faloit tout remettre à ſon niveau; & n'y ayant que lui de vraye aune, y meſurer toute Re-

ligion. Qu'à moins de s'aiuſter à lui,
tout ſe trouvoit ou court, ou long, &
que pour faire une vraye copie d'Egliſe
Chreſtienne, il l'a faloit tirer ſur l'original. Que cét original eſtoit le Chriſtianiſme primitif, tel que Ieſus Chriſt
l'a fondé, & que les Apoſtres l'ont
promeu; tel que l'Evangile le demande, & que les Actes le deſcrivent, enfin
celui que la foi commence, & que la
charité acheve; & auquel tous bons
deſirs, & tous bons deſſeins doivent
uniquement aboutir.

Dieu m'entretenant dans un grand
deſir de cét œuvre, me manifeſta bien
toſt apres qu'il m'en vouloit donner
quelque effect, & que ſon deſſein eſtoit
de me faire travailler à un ouvrage,
dont encore que je fuſſe peu capable,
j'eſtois beaucoup amoureux. Il me le
ſignifia par des voyes d'eſprit ſi certaines, que je ne peux pas en douter, &
m'en donna de ſi vives marques, que
j'en reſtai convaincu. Il eſt vrai qu'il y
appoſa une clauſe, qui me cauſa d'a-
bord de l'eſtonnement, mais ne me
jetta pas dans la deffiance. Ce fut que

je ne servirois à ce dessein, que hors du lieu où je me trouvois, & separé de la societé, à laquelle j'estois uni. En me declarant cét ordre, il m'en descouvrist les raisons, qui furent sommairement; Que restant lié à ce corps, je n'estois pas un membre propre à me mouvoir selon son esprit; & une rouë disposée comme celles d'Ezechiel à suivre sans difficulté, l'impetuosité sainte de son souflé. Qu'il me faloit estre hors des mains d'autrui, pour ne dependre que de la sienne; & n'estre lié à rien, pour le pouvoir suivre libre. Qu'estant ainsi sous l'authorité humaine, il n'y avoit rien de si facile, qu'à faire qu'elle m'arrestast; & me liast non seulement la langue & la plume; mais la main mesme & le cœur, avec l'esprit & le corps. Qu'engagé dans une societé puissante & nombreuse, il n'y avoit pas d'apparence, que je resistasse ou à la force, ou à la foule; & que je voguasse contre le fil d'un torrent, dont le cours estoit trop rapide, & les flots trop furieux, pour ne pas m'entraisner, ou me submerger. Qu'enfin Dieu voulant cela de moi,

ce n'eſtoit pas à moi à l'eſpluchef,
mais à le faire, & que la ſignification
d'un vouloir divin, eſtoit un commandement.

N'eſtant pas obligé de deſcouvrir
à autrui, tout ce que cette divine lumiere me fit voir, je le ſuis de declarer,
que j'y apportai d'abord, de la reſiſtance humaine, & que ſoit par crainte, ſoit
par tendreté, où pluſtoſt par foibleſſe
de conſcience, je taſchai de me rendre
moi meſme cette inſpiration ſuſpecte,
& armai contre elle, tout ce que je peux
me repreſenter, de propre pour la combattre. Ie me propoſai donc bien vivement, toute ſorte de conſiderations ge-
nerales & particulieres, qui eſtoient capables de m'en deſtourner, & produiſis
contre moi, tout ce qu'autry pouvoit
m'oppoſer. Ie n'oubliai rien des iuge-
mens, & des dires humains en tels cas,
& des diſcours ou temeraires, ou mali-
cieux, qui ont conſtume de ſuivre de
ſemblables actions. Ie n'eſpargnai pas
meſme la veuë des infamies & des-hon-
neurs, des perſecutions & des dangers,
qui accompagneroient mon entrepriſe,

& m'engageroient infailliblement à avoir mes amis pour ennemis, & mes associez pour adversaires.

Ie vis la chose importante, sa découverte hardie, sa poursuitte penible, sa conduite difficile, & son issuë dangereuse. Ie ne me cachai rien de ma foiblesse, ni de la force d'autrui. La nature rendist combat à la grace, mais la grace la vainquist. L'Esprit de Dieu n'oublia rien de son costé pour m'affermir dans son Apel, tantost par ses sentimens, tantost par ses Escritures. Il me renvoya aux Apels des Patriarches & des Prophetes dans l'ancien temps, à ceux des Apostres dans le nouveau, & me fit mesme voir dans la suitte de tous les siecles iusques au nostre, que ce qu'il vouloit de moi, n'estoit pas une action sans exemple & en laquelle ie n'eusse de grands Saints à suivre, & d'excellens patrons à imiter.

Ie serois trop long à deduire, ce qu'il pleust à Dieu me faire connoistre là dessus, de ses voyes extraordinaires, & des apels particuliers de ses Saints: Des obligations à suivre son Esprit conformement

nement à son Escriture, & à ne me def-
fier iamais en le suivant, ni des promesses de sa parole , ni des voyes de sa conduite. Ie conceus mille veritez de la
puissance de son bras, plus propres d'un
discours , que d'un recit; & que ie ren-
voye plus volontiers à un entretien de
lui seul, que ie n'insere en celui-ci , puis
qu'il me cócerne. Il n'est pas mesme besoin que ie m'arreste à prouver à des
gens persuadez de la verité de telles
voyes, que ie n'embrassai pas temerairement celle-ci ; & qu'en effet Dieu me
rendist au dedans & au dehors mille
tesmoignages , que je n'entreprenois
rien ni de blessant sa gloire , ni d'inte-
ressant ma conscience.

Il m'en fit naistre de tous costez & en
toutes façons de si grandes preuves, que
je peux dire, que j'en vins non seulement à n'en pouvoir pas douter, mais
à en estre mesme accablé. Ce que tesmoignent assez plusieurs memoires,
que j'en dressai lors, non seulement pour
ma consolation , mais pour mon instruction:& pour les cómuniquer à quelques
habiles Theologiens doüez de pieté &

H

de sçavoir, qui les ayant leus, les ap-
prouverent; & en suite mon Apel, sur
lequel je voulus avoir leur jugement,
pour n'y suivre pas seulement le mien.

Pressé du sentiment divin, & poussé
du leur, je me resolus d'obeyr à Dieu,
convaincu en ma conscience, que je
ne pouvois plus m'en dispenser, sans lui
déplaire; ni refuser l'execution de son
ordre; sans m'y declarer rebelle. Son
Esprit me serra de si prés (Comme *sa*
charité au dire de Saint Paul *est estrei-*
gnante) qu'il fallust me rendre à lui, &
non seulement lui demander comme
cét Apostre, qu'est-ce qu'il vouloit que
ie fisse, mais lui dire que ie le voulois, &
que i'estois prest à le faire. Il est vrai qu'en
acceptant la chose, il me porta à en
excepter la condition, c'est à dire, l'invention & l'application du moyen, &
me dispensa ce me semble de travailler
moi-mesme & à le chercher, & à le
trouver.

Il se contenta que comme Ioseph &
Esaye je lui disse; *Me voici envoye moi,* &
comme David, *Ie suis à toi, mon cœur est*
prest ô Dieu mon cœur est prest, me voici

2. Cor.
5.

Esai. 6.
Psc. 56.
& 115.

ton serviteur, & le Fils de ta servante. Lui mesme me portant à me tenir (pour le dire ainsi) dans un estat saintement passif (mais avec la liberté Sainte, & l'usage de libre & bonne volonté qu'il laisse, ou plustost qu'il fait lui mesme en ses enfans) je fus inspiré de lui, de commettre toute cette affaire à ses mains, & lui en laisser la conduite, puis qu'il en prenoit le soin. Ravi de n'estre pas obligé, à me frayer moi mesme le chemin, mais à marcher seulement dans celui que sa providence me feroit ; je ne fis que m'occuper comme Israël à le voir aller devant moi ; & comme lui, estre fidele à le suivre. Me deposant dóc parfaitement és mains de Dieu, du souci de cette affaire, j'attendis en patience qu'il l'executast ; me contentant de le prier, qu'il y sanctifiast son nom, en y faisant sa volonté, & que comme il avoit seul commencé, il ache-vast seul son œuvre.

Ayant receu promesse, & preuve suffisante que cela seroit, & restant calme la dessus és mains de Dieu, voici la voye dont se servist sa providence, pour seconder en ce dessein sa sagesse. Par un admirable coup de sa conduite, & par un effet assez extraordinaire (lequel je n'entrevis , & ne connus pas au vrai, tel qu'il estoit , lors qu'il se fit) il estoit arrivé quelques années devant celle de ma separation des Iesuites , que leur premier Superieur, & chef de Province, ayant pris l'avis des autres, & deliberé sur les grandes infirmitez, dont il avoit pleû à Dieu de me visiter, m'avoit offert & proposé de retourner dãs le siecle.La chose estoit reciproquement d'autant plus facile,que ie n'estois pas profez de leur compagnie & que la raison de m'en separer par infirmité en ostoit tout le deshonneur. L'aprehẽsion que je serois inutile & onereux, à une societé laquelle à besoin d'ouvriers aussi utiles qu'honorables; & le desir sans doute de mon bien, avec celui du recouvrement de mes forces (que quatre habiles Medecins mis en consultation sur ma santé jugerent perduës) porterent la prudence de cét homme, à m'en faire la proposition , jusqu'à me presser bien fort de l'accepter , m'en representant l'effet auſſi juſte que neceſſaire, & auſſi utile pour moi, que pour eux.

Ignorant que j'eſtois lors du deſſein de Dieu, & d'ailleurs ne ſentant point d'autre manifeſte Apel, que celui de l'eſtat où ſa providence me tenoit, je refuſai l'offre; & remis à Dieu & à ſa conduite l'effet de ce droit, ſans y renoncer. Ie me portay du depuis quelque peu mieux toutes les années ſuivantes, juſques à celle dont je parle, en laquelle quelques jours aprés avoir conſenti à la nouvelle vocation divine, lors que je ſemblois avoir plus de ſanté, je recheus ſoudainement en toutes mes infirmitez paſſées, & meſme encore plus grandes, à la veuë de tous ceux, des yeux deſquels il fut important, qu'elles fuſſent remarquées. La choſe me priſt un Dimanche, tombant paſmé devant eux lors que j'y penſois le moins, ſaiſi d'une eſpece de paraliſie, & attaqué des foibleſſes d'une prochaine agonie. Chacun me crut mort, mais Dieu me reſſuſcita, & tendiſt meſme à me reſſuſciter par cette mort à une meilleure vie. Comme

Je ne peux pas en dire toutes les particularitez, il y en à une que je ne peux
taire, qui eſt que revenant le lendemain
de cette eſpece de mort, & de cette
ombre de ſepulchre, côme ſi je fuſſe revenu de l'autre monde, L'Eſprit de
Dieu m'eſlevant à ſoi, & m'occupant
en priere, je fus comme ſoudainement
frapé de ſon eſclair, & dans ſon eſclair
comme inſtruit de la voix de ſon ſaint
Ange, ſur ce qui m'eſtoit arrivé: me
faiſant entendre que Dieu y avoit du
deſſein, dont je ne m'appercevois pas,
& mouvroit une voye auſſi facile que
juſte, pour ſortir du lieu, dont j'a-
vois conſenti, qu'il me retiraſt. Cette
voye eſtoit, qu'il lui plaiſoit de ſe ſervir
de mes infirmitez, comme d'un moyen
à me ſeparer d'une compagnie, qui l'a-
voit ainſi elle meſme deſiré, & qu'il
vouloit que j'en ſortiſſe, par une porte,
que ſa prudence & ſa conſcience m'a-
voient des long temps ouverte.

J'entendis d'autres ſecrets qui ne ſont
pas de ce ſujet, & dont les effets arrivez depuis, m'ont manifeſté la verité.
Ce coup au lieu de me laiſſer troublé,

me laissa ioyeux ; & par la vigueur
qu'il me coula dans l'esprit, m'en donna un peu au corps. Ie me levay. I'ado-
ray Dieu. Ie m'offris à lui, & en m'a-
bandonnant en foi à ses paroles, me
soumis en humilité à ses pouvoirs.

Ie me donnai toutefois le loisir de
voir l'effet d'une chose qui me fut fort
asseurée, qui est que mes infirmitez
croistroient tousiours, iusques à ce que
le coup de Dieu fut achevé, & que mes
grandes maladies ne me quitteroient
point, que je n'eusse quitté cette malade
compagnie. Le temps ayant vérifié cette parole, je me mis en devoir d'obeyr
à Dieu, mais pour ne rien faire à la legere, je voulus me descouvrir, & me
conseiller avec quelques uns des Docteurs de Theologie, parmi lesquels je
vivois. I'en consultay des plus pieux &
des plus habiles, tant du dedans que du
dehors, & entre ceux-ci un celebre per-
sonage decedé depuis quelque téps avec
autãt d'opinion de probité, que de connoissance de veriré, dãs la chaire Episco-
pale de Marseille. Ie leur manifestai le
dessein de Dieu sur moi, qu'ils aprouverãt

C'est
defunct
mõsieur
Gaud
Evesq;
deMar-
seille.

d'un commun accord, adjouſtans meſmes la preſſe de leurs exhortations, à
la bonté de leurs ſuffrages. Dieu m'en
aſſeura encore de pluſieurs autres endroits, & par diverſes perſonnes deſin-
tereſſées dont il vouluſt que la ſcience
& la conſcience me ſerviſſent de teſ-
moins. De jour en jour je vis plus clair
en ſon deſſein, lequel m'eſtant de plus
en plus deſcouvert, en me donnant de
fortes reſolutions de l'entreprendre, me
ſuſcita de doux moyens de l'executer.
Son Eſprit m'ayant ſuggeré de le conduire avec hardieſſe, mais toutefois
avec douceur, & avec grande ſincerité,
mais avec ſageſſe, me determina d'eſcrire à Rome, & en attendant la reſ-
ponſe (laquelle je receus & fauorable
& à temps) avoir par là le moyen de
prendre un congé non ſeulement hon-
neſte, mais paiſible, de rompre ſans
deſchirer, & de ne donner aucune juſte
occaſion à la charité, ni de ſe rafroidir,
ni de ſe plaindre.

Dieu faiſant pluſieurs coups merveilleux de ſa providence, pour côduire cette affaire de ce biais (leſquels je ſerois

trop long à deduire) en difpofa tellement tous les moyens, que comme on
n'euft point prife fur mes déportemens,
on n'euft point auffi connoiffance de
fon deffein. Ie ne me plaignis iamais
que d'eftre malade, comme en effet l'e-
ftat où i'eftois, le difoit affez, fans que
mefme i'en parlaffe, I'en vins à telle extremité, qu'on n'en attédoit que la mort,
les maux femblans s'oppiniatrer tous
les iours, contre les Medecins & leurs
remedes; ce qui fit hafter en effet de
beaucoup de iours ma fortie, tout le
monde s'accordant dans le fentiment,
que la liberté & l'air natal, eftoient l'u-
nique moyen de me remettre.

Cependant qu'il pleuft à Dieu de
m'affoiblir ainfi le corps, il daigna me
fortifier d'autant plus l'efprit; & durant
trois mois ou environ, que ie fus laiffé
affez feul, comme un long valetudinai-
re, dans une chambre de malades, n'ayāt
de force que pour lire & pour prier,
tranfporté d'amour pour l'Evangile, ie
le parcourus derechef tout, attiré par
les nouvelles lumieres, que Dieu me fit
la grace d'y voir. I'en trouvai ce me

semble, l'intelligence & le commen‑
taire au dedans de lui & de moi. Il me
paruſt comme de nouveau ouvert, & ie
conceus fortemēt qu'il me devoit eſtre,
ce qu'il avoit eſté à tant de Saints, c'eſt
à dire, toute ma Bibliotheque & mon
Sçavoir. En effet ie chaſſai tous autres
livres de ma table, pour ne lire que lui
trois mois durant, & ie trouvai que ſa
familiarité, au lieu de m'en engendrer
ou le meſpris, ou le degouſt, m'en aug‑
menta avec l'eſtime l'amour. Ie con‑
ceus de nouveaux deſirs de voir regner
ſon Eſprit, & ſa pratique; & comme ie
n'eus plus que ſa lecture devāt les yeux,
ie n'eus plus que le deſir de ſon reſta‑
bliſſement dans le cœur. En eſcrivant
meſme à quelques heures de plus grāde
ſanté quelques remarques : Ie me ſou‑
viens d'en avoir fait lors un eſcrit, nom‑
mé *Le Crayon Evangelique*, où ie taſchai
de tracer en quelque façon, le tableau
d'un pur & parfait Chriſtianiſme, ſelon
que la lecture de l'Evangile, m'en forma
les lineamens.

La fidelité à la grace de Ieſus Chriſt,
m'oblige de dire, que ie receus en ce

mefme temps, un nouvel envoi de fa part pour le miniſtere de fa parole, aveç une d'autāt plus particuliere impreſſion de ſon Eſprit, que je receus plus particulier teſmoignage de ſa preſence, & de ſon reveſtement. Ie ne ſerai pas meſme difficulté de découvrir, qu'il me découvriſt les grandes croix, qu'il me faudroit porter à ſa ſuite, & les perſecutions qu'il me feroit eſſuyer, pour la predication de ſon Evangile, & le ſouſtien de ſa verité. Les particularitez m'en furent ſi nettement declarées, que du depuis m'eſtant arrivé, de ſubir en effect tous les dangers, qu'il m'avoit monſtrez, j'ai eu d'autant plus de courage à les franchir, qu'en ayant eſté adverti de ſa part depuis ſi long-temps, j'y eſtois comme preparé & de ſa bouche & de ſa main.

Mes maux venans de plus en plus à ſe rengreger, vint en fin le jour heureux, auquel je me ſeparai de corps, de ceux dont Dieu m'avoit dés long-temps ſeparé d'eſprit, & deſquels je receus les derniers embraſſemens de civilité, comme des gages de paix, & des teſmoignages de mutuel contentement, ou pour le moins confentement, a une feparation fi jufte, & fi neceffaire. I'en receus à quelque temps de là, une autre nouvelle marque par des lettres qu'ils nomment Patentes, ou autrement Attestations authentiques de l a juftice de ma retraite, que deux d'entre eux me porterent au lieu où j'eftois en la forme avantageufe, en laquelle la verité, & la confcience, les obligerent de me les donner. le ne les eus pas receuës, qu'à quelques jours de là fuivant les promeffes de l'Efprit de Dieu, ie commençai à me mieux porter, & ayant changé d'eftat, à changer comme de corps; & fentir affez de force, pour Evangelifer avec autant de facilité que de hardieffe, des veritez lefquelles en faifât du fruict, firent du bruit; & allarmerêt bien fort non pas tant ceux qui les devoient efcouter, que ceux qui les devoient dire.

Dieu me donnant un zele particulier, pour l'inftruction des ignorans & des pauvres, fit que ie m'attachai particulierement à leur fecours d'efprit & de corps,à l'occafion d'un hofpital &

de quelques villages heureufemêt tombez en mes foins. L'Envie auffi eston-
née de ma fanté, que de mes emplois,
ne les peuft point voir, & les fouffrir,
n'y ouyr parler de leurs progrez, fans
tafcher de les arrefter. Sous pretexte
que ie n'appellois mes auditeurs que
mes freres, que ie leur prefchois l'Evangile pur, & en avançois plufieurs anciennes maximes, qui eftoient prifes
pour nouvelles; vne grande affemblée,
de ceux que ie venois de quitter, & qui
tenoient lors leur congregation, qu'ils
appellent Provinciale, procura par fes
follicitations & fes avis, que ie compa-
ruffe devant le confeil de l'Archevefque,
où Dieu voulut que ie rencontrai des
oreilles favorables, & où fon Efprit
m'aytnt fait parler fur la fauffe impref-
fion, qu'on avoit donnée de moi comme d'un heretique, & mefme d'un en-
diablé, acquift heureux gain de caufe à
la verité & à l'innocence, contre la calomnie & le menfonge.

Cette fecouffe, n'ayant fervi qu'à me
r'affermir, & ce choc qu'à m'aguerrir,
le repris les travaux de l'Evangile avec

d'autant plus de force, qu'une nouvelle & authentique approbation Archiepiſcopale donna poids à ma parole, & fit que mes diſcours & mes emplois, ceſſerent d'eſtre ſuſpects. Apres les avoir continuez aſſez long-temps en divers lieux, où l'Eſprit de Dieu me fit eſcouter de pluſieurs perſonnes, auſquelles ie perſuadai la lecture de l'Evangile, & le deſir de reprendre ſon premier eſprit ; me ſentant preſſé de Dieu, d'aller ſemer en un plus grand champ ſa parole, ie me rendis enfin apres beaucoup d'inſpirations & de prieres, au mouvement qu'il me donna d'aller à Paris.

Il diſpoſa l'Archeveſché de Bourdeaux (apres quelques pieux efforts qu'il fit de me retenir, m'offrant pour cét effet les Chaires de cette Ville) à me donner des lettres d'atteſtation, ou des dimiſſoires (comme on dit) de ſaine doctrine & de bonnes mœurs; beaucoup plus avantageuſes ; que je n'euſſe oſé eſperer ; & pleines en particulier des exprez teſmoignages , que j'avois exercé *dans ce Diocese auſſi pieuſement, que regulierement, toutes les fon-*

ctions d'un vrai Prestre, & d'un bon Predica-
teur. Elles n'exceptoient pas mesme, que
j'allois à Paris meu d'un tres saint zele, &
que rien n'empeschoit, que je ne fusse sans
difficulté, admis en tous lieux aux ministeres
de l'Eglise. Ce tesmoignage rempli d'autres eloges, que je ne croyois ni meriter, ni devoir attendre, ne les ayant ni
briguez, ni desirez ; me parust d'autant
plus un coup de Dieu, qu'il servist à faire, qu'estant à Paris, homme sans connoissance & sans appui ; je fus particulierement consideré de Monsieur Fro-
ger Syndic de Sorbonne, auquel l'Archevesché renvoyant la charge de m'e-
xaminer, je fus obligé de le produire ;
l'examen tres exact qu'il fit de moi durant plusieurs jours, l'ayant amplement
confirmé dans la verité de ce tesmoignage.

Dieu voulust aussi, qu'il n'en rendist
pas un moins avantageux pour moi, &
de bouche & par escrit au conseil de
l'Archevesque, duquel je receus en suite
pleine approbation & authorité, pour
m'acquiter des fonctions de mon ministere. Ceux qui se sont saisis de mes pa-

piers, trouveront parmi eux toutes ces
pieces, & encore mefme de plus authē-
tiques, affez rares & particulieres, dont
Dieu avoit fait que la verité fut munie en
moi côtre le menfóge; & par lefquelles
j'avois d'avantageux moyens de me defendre des calomnies Romaines, par
les tefmoignages, qu'elle mefme rendoit à mon innocence, & dequoi con-
fondre les paroles de fa bouche, par les
efcrits de fa main. La porte de l'Evangile ne me fuft pas ouverte, que des que
je l'eus annoncé pur & fincere, quelques uns commencerent à le foupçon-
ner d'erreur & de nouveauté, pour ce
que plufieurs commençoient à le reconnoiftre pour veritable, & pour ancien.

Vne perfonne de pieté, dont i'ai touf-
jours creu avoir fujet, d'eftimer & la
vertu & la lumiere, m'avoit fait remarquer, que le mefme jour, que j'arrivai
dans Paris, on portoit en terre le plus
grand & le plus puiffant ennemi des veritez que j'eftalois, & que j'y peuffe
mefme avoir; fa robe l'intereffant à les
perfecuter plus en moi, qu'en ceux en
qui

qu'il avoit tafché jufques alors de les eſtouffer ſon credit eſtant grand aupres d'un Secretaire d'Eſtat, (dont les Jeſuites ont eu ſujet de recevoir honorablement le corps apres ſa mort, ayans ſi pleinement poſſedé ſon cœur durant ſa vie) l'avoit engagé malheureuſemẽt à faire du mal à des gens de bien, qui dónerent ſujet de croire, qu'il ne m'euſt pas plus eſpargné qu'eux, principalement puis que ce meſme Secretaire, ſuſcité par ſes aſſociez, ne laiſſa pas de m'en vouloir, & de m'en faire autant qu'il peuſt; mais Dieu permiſt qu'il euſt pour maiſtre un grand Cardinal premier Miniſtre d'Eſtat, qui arreſta & la plume de ſon Secretaire, & le mauvais deſſein de ſon valet.

Devant que Dieu ne remuaſt ce grãd reſſort, contre lui & les ſiens pour ma defenſe, ils eurent le temps de m'affliger. L'envie ne pouvant ſouffrir, que la ſemence de la parole de Dieu produiſiſt ſon fruit, s'efforça de faire lever des eſpines, pour ſuffoquer le bon grain, & fit voler des corbeaux & des oyſeaux de l'air de toutes parts, pour l'enlever. Mes adverfaires voyans qu'ils ne pouvoient pas reuffir par divers moyens, qu'ils tenterent, s'aviferent de celui dont on arrefta fouvent la Predication des Apoftres, qui fut de faire apprehender des nouveautez & des troubles, & les accufer (auffi bien que devant eux en fut accufé leur maiftre) de n'eftre pas amis de Cefar, & de s'oppofer à fes Edits. On en vint mefme jufques là, que de donner foupçon au confeil de l'Archevefque, que ma Predication n'excitaft des feditions dans Paris, & que la diuifion des efprits, ne paffaft à celle des corps.

Ie loüé Dieu, de ce que de femblables calomnies s'eftant ellevées quatre ans apres en d'autres lieux, pour m'impofer filence fur des points, qui troubloient non l'Eftat de France, mais de Rome, d'authentiques informations faites par un Intendant de juftice, fur les lieux mefmes où j'eftois, & où j'avois parlé le plus haut ; prouverent évidemment tout le contraire, par les depofitions des principàux Magiftrats, qui attefterent avec autant de verité, que de zele, qu'ils n'avoient iamais trouvé les peuples plus fideles à l'Estat, qu'apres qu'ils eurent apris de moi, d'estre fideles à Dieu; & qu'ils n'avoient jamais monstré ployer plus doucemēt, sous le joug des hommes, qu'apres que je les eus instruis, que la douceur de celui de Iesus Christ, les obligeoit à le porter. C'est un point, lequel non seulement mes paroles, mais mes exemples ont tousiours prouvé, nul ne m'ayant jamais connu pour petit serviteur de Dieu, qui ne m'ayt reconnu pour grand serviteur du Roy; & qui m'ayant veu honnorer Iesus Christ en sa personne, ne me l'ayt veu honnorer, & lui obeyr en ses images.

Du mal apparent de cette dangereuse calomnie, Dieu tira ce bien, que m'en estant entierement purgé à l'Archevesché de paris, par la manifeste conviction des faussetez dont on avoit tasché de le prevenir; je fus engagé d'entrer dans la Picardie par la porte que Dieu m'y ouvrit; & d'y aller semer la verité de l'Evangile dans le Diocese d'Amiens, dont Dieu voulust que l'Evesque, m'offrit à cultiver le champ. M'eſtant venu ouyr un jour, & Dieu l'ayant ſuſcité, ainſi que je deſcendois d'une Chaire, à me venir preſenter la ſienne, je fus obligé de l'accepter, & d'aller à quelques jours de la remplir durant l'Advent & le Careſme ſa Cathedrale; & enſuite continuer toute l'année à parler non ſeulement devant ſon peuple, mais devant l'extrdordinaire auditoire, que la Cour qui y vint, m'y amena.

La verité ne paruſt pas, que l'erreur lui fit la guerre, & pluſieurs en vindrent iuſques à dire, que je preſchois un Evangile nouveau; encore que je monſtraſſe en portant meſme & liſant la Bible en Chaire, que je ne preſchois que celui, qui avoit pour le moins ſeize cens ans. Il ſe fit les années ſuivantes bien plus de bruit, quand je vins à publier les veritez, que je vais dire, qu'on perſecuta comme nouvelles, pour ce qu'elles combattoient de vieilles erreurs.

CHAPITRE SIXIESME.

Recueil de quelques principales veritez touchant la Predestination & la Grace ; la Iustification , le Franc-Arbitre , & le merite des œuvres, dont la predication excita de grandes & extraordinaires persecutions à l'Autheur.

IL arriva cette année beaucoup de choses, dont le rapport est trop long pour un petit livre , par lesquelles Dieu me fit bien voir, que si i'apportois quelque soin à le servir , il en apportoit bien plus à me proteger. Mon obligation principale estant de rendre quelque compte du ministere de sa parole , qu'il m'auoit mis entre les mains , je me sens obligé de lui rendre ce tesmoignage, qu'ayant , presché quatre ou cinq ans continus en ce Diocese , & dans ses principales villes, l'Evãgile y fit non seulement grand esclat , mais grand effet

y chaſſa les fables & les hiſtoires pro-
phanes des chaires, pour y introduire
la doctrine des deux Teſtamens; fit que
Plutarque & que Pline, qu'on n'y faiſoit que citer, cederent la place à Ieſus
Chriſt & à Saint Paul; & que l'eſcriture
en langue vulgaire, qui eſtoit un livre
ſuſpect aux uns, inconnu aux autres, &
fermé à tous; fut ouvert & feuilletté de
pluſieurs, & peu à peu devint un livre
commun. On commença à porter dans
les Egliſes le Nouveau Teſtament au
lieu d'heures; & chacun priſt un infini
plaiſir à l'entendre parler en ſa langue.
On s'adonna moins aux prieres de bouche, pour vaquer plus à celles du cœur.
On ſe deſabuſa de la vaine confiance
dans les creatures, pour en eſtablir une
ſolide dans le Createur. On priſt la Religion, pour autre choſe que pour un
culte exterieur & idolâtre; & la devotion ne fut plus miſe en Confrairies &
en Chapelets où *en Corporels exercices*
(ainſi que parle Saint Paul) *mais en*
vraye pieté, en foi qui opere par amour, &
comme dit Saint Iacques, *en Religion*
pure & immaculée ſoigneuſe de ſe garder

Les befoins des peuples m'obligerent
à les inftruire des fondemens de la foi
& de la juftice Chreftienne, à leur Pref-
cher comme de nouveau Iefus Chrift &
fes myfteres, fa connoiffance auffi bien
que fon amour, & à preffer l'imitation
de fa vie, auffi bien que l'efclairciffement de fa vie mefme. I'infiftay auffi
fortement fur l'Eftat de la Primitifve
Eglife, & la neceffité de reprendre fon
Efprit, pour former un corps femblab-
ble au fien, & en meriter le nom : &
par ce que mille corruptions & dans la
foi & dans les mœurs, fe prefenterent
comme autant d'empefchemens, à remonter à cette fource ; je pris la liberté
& la hardieffe, de les defcouvrir & de
les combattre, afin d'edifier fur leurs
ruines quelque folide baftiment.

Ie me propofai fur tout de deftruire
deux principales erreurs, qui en com-
prennent dix mille ; l'une fut l'hypocri-
fie & la fuperftition ; l'autre la propre
Iuftification & l'apui fur les merites ; la
confiance fur le Franc-Arbitre & fur fes
actes, auffi bien que fur fes pouvoirs.

L'un de ces sujets m'obligea à découvrir beaucoup d'abus touchāt les vœux
& les prieres; le culte des saints, des
images, & des reliques; l'estat des cloistres & des Monasteres; la confiance
aux indulgences, aux suffrages, & aux
merites d'autres hommes, que celui qui
est homme-Dieu, taxant mille nouveautez introduites autant par l'a-
varice, que par l'ignorance, & aussi
injurieuses au culte de Dieu & à la grace
de Iesus Christ, que desavantageuses
à la Religion, & prejudiciables à la paix
& à la seureté des consciences.
Le second m'engagea necessairement à découvrir & desraciner tout ensemble, un tres grand nombre de fausses maximes, & à combattre tres-ex-
pressément, l'erreur qui establit la predestination divine, dependante de la
prevision des œuvres humaines, celle
qui fait l'eslection à la gloire comme fin,
& à la grace côme moyen, subordonnée
au franc-arbitre, & liée à son plaisir:
l'erreur qui establit l'homme puissant à
éviter le mal, & fort à faire le bien, apres
la perte de ses forces même par la corrup

ti̅ originelle: celle qui establit les enfâs
d'Adam aussi libres par leur generation,
que leur pere en sa creation. Celle qui
les veut faire passer pour non necessitez
à pecher, lors qu'ils le sont à convoi-
ter, & qui les fait croire libres sous l'erreur & sous le peché, devant que la
grace & la verité les ait affranchis: Celle qui leur donne l'avantage de croire,
de vouloir & de faire lebiē d'eux mémes,
quoi qu'il soit escrit que Dieu leur donne & la foi & la volonté, & l'action:
Celle qui assuiettit la grace du Seigneur
Iesus, à l'arbitre criminel de l'homme
serf, qui aneantit le merite de sa croix,
& évacuë la valeur de ses souffrances,
en les apliquant aux reprouvés; l'esta-
blissant le sauveur & le redempteur des
hommes perdus, aussi bien que des sauvez, & leur donnant mesme place en
son vrai corps & entre ses membres en
la grace, n'en debuant point avoir en
la gloire.

Ruinant ces erreurs & mille autres,
qui ne sont rien que leurs suites, comme sont l'appui sur ses propres œuvres,
la confiance en ses merites, ou en ceux

d'autrui, & la preſomptiom orgueiller-
ſe des forces du franc arbitre, ie fus engagé à eſtablir les ueritez, qui leur ſont
contraires, la predeſtination gratuite,&
l'eſlection ſelon le bon plaiſir de Dieu,
ſon bon propos auſſi ſtable qu'eternel,
& auſſi eternel apres la creation que
devant:ſon decret abſolu & inalterable,
ſa volonté efficace ſur la leur, & inca-
pable d'eſtre arreſtée par leur reſiſtance,
& beaucoup moins fruſtrée par leur
opiniatreté. Il faluſt meſme que touchant le point de la reprobation, ie fiſſe
voir que comme Dieu tiroit, qui bon
lui ſembloit, de la maſſe corrompuë
par ſa gratuite miſericorde, il y laiſſoit
qui bon lui ſembloit, par ſon juſte iugement.

I. Qu'en une cauſe originellemēt commune de corruption & de perte, &
meſme de damnation meritée par le
premier homme, & par tous les autres
hommes en ſa perſonne, il faiſoit une
grace non deuë aux uns, & exerçoit
un iugement deu ſur les autres : & que
ces deux differens effects, ayans pour
cauſes ſa miſericorde & ſa iuſtice, n'a-

voient pour regle que son droit, &
pour raison que son bon plaisir.

II. Que comme l'homme esleu n'avoit
point suiet de se glorifier, le reprouvé
n'en avoit pas de se plaindre : Que l'un
n'ayant pas dequoi s'estimer iuste, l'autre ne l'avoit pas de refuser d'en estimer
Dieu : Le bien-heureux ne pouvant que
le dire bon, & le mal-heureux, ne pouvant pas l'appeller cruel. Qu'estant fait
à l'un par dessus son droit, il n'estoit pas
fait à l'autre conttre le sien, ains qu'au
contraire il lui estoit payé, ce qui lui
estoit deu, ce qui n'estoit pas deu à
l'esleu, lui estant gratuïtement donné.

III. Que pour cela Dieu n'estoit pas
cause de la dānation du pecheur, côme
du salut du iuste ; que sa grace sauvant
l'un, le peché originel & actuel perdoit l'autre, & que le salut de l'homme
venoit de Dieu, la perte de l'homme
venant de soi mesme. Que tousiours une
peine presuposoit une coulpe, la iustice,
l'Iniustice, & la damnation, le peché,
qui ne pouvoit avoir pour autheur que
l'homme, un Dieu ne pouvant errer.

IV. Que la seule creature faillible &

1. Cor.
1.

Osée
13.

muable le pouvoit produire ,un Dieu incorruptible & immuable ne le pouvant
pas , mais ne le pouvant, par une impuissance, aussi glorieuse, qu'heureuse,
& d'autant plus avantageuse qu'estre
tout bon & tout sage , estre tout parfait & iuste, & enfin estre infailliblle &
immuable , est un supréme pouvoir.

V. Qu'il n'appartenoit qu'à ce qui est
neant de soi-mesme & de sa nature, d'e-
stre autheur de ce neant encore pire, qui
est le peché; & non pas à un Dieu, qui
est tout estre, & qui ne peut non plus pecher, que mourir; & destruire lui
mesme non seulement sa sainteté, mais
sa nature. Que d'ailleurs Dieu n'avoit,
ni ne pouvoit point avoir de loi, pour
faire, ou pouvoir faire contre elle. Que
sa regle estoit son vouloir, & son vouloir mesme sa justice, ce qu'il vouloit
estant iuste, des-lors qu'il l'avoit voulu.
Qu'enfin c'estoit à lui comme Dieu, de
prescrire des-loix à l'homme, qui pouvoit bien les transgresser, mais non pas
les garder sans lui, & qui faisant seul
contre elles, pechoit aussi tousiours seul.

VI. Ces veritez m'engagerét necessai-

rement, à defcouvrir & à prouver celles
qui ne font que leurs fuites, & que leurs
chaifnons : comme, Que Dieu ne veut,
& ne peut eftre dit proprement vouloir,
que le falut de fes efleus ; & que c'eft
ainfi que devöit eftre entendu ce paffa-
ge de Saint Paul, *Qu'il veut, que tous* 1. Tim.
hommes foyent fauvez, & viennent à la 2.
connoiffance de fa verité ; c'eft à dire tous
les predeftinez, qui font une totalité, &
univerfalité plus particuliere, dans la
totalité & univerfalité plus generale des
hommes ; & qui font, & font des *Tous*
efleus & fauvez parmi d'autres *Tous*
reprouvez, & par confequent perdus :
Efleus, qui s'appellent avec raifon tous
les hommes, non feulement pour ce
que la nature humaine eft parfaitement
en eux, mais parce qu'elle eft remife
dans fon eftat parfait en eux, reparée
& remontée à fon plus fublime grade :
& enfin côme vrayemēt humaine, eftāt
conduite par la raifon fanctifiée, & la
foi divine, eft plus confiderable, en eux
qu'en tout le refte des hommes, pour
ce qu'elle y eft regenerée & efpurée, ne
fe trouvant dans les autres que corrom-

puë & foüillée, & pour le dire ainſi deſtruite & pis que deſtruite & aneantie, eſtant meilleur de n'eſtre pas, & de n'eſtre pas né, que d'eſtre eternellement damné.

Matth. 26.

VII. Qu'encore les eſleus eſtoiẽt là tres bien nommez *tous les hommes*, par une façon de parler tres commune à l'eſcriture, pour ſignifier un certain nombre, pris & compoſé de toutes ſortes de ſexe, d'aage, de nation, & de condition parmi les hommes, parmi leſquels Dieu en avoit eſleus de tous ces eſtats, ſelon que Saint Paul en faiſoit en ce meſme lieu le denombrement, monſtrãt clairement ailleurs qu'il n'entendoit par ce mot de *tous les hommes*, que tous les predeſtinez qu'il deſigne par le mot de *vivifiez en Ieſus Chriſt*, & par Ieſus Chriſt, & de córeſſuſcitez d'eſprit par grace, & conglorifiez d'eſprit & de corps avec lui par gloire.

2. Cor. 15.
Rom. 8
Eph. 2.

VIII. Que meſme la parole ſuivãte, que *Dieu vouloit que tous hommes vinſſent à la connoiſſance de ſa verité*, monſtroit evidemment, qu'il ne l'entendoit pas en general & en particulier de tous les hommes, sans en excepter aucun; puis qu'il estoit manifeste, que tant d'enfans morts-nez (qui sont neantmoins hommes) estoient empeschez de venir à cette connoissance, aussi bien que tant d'adultes infideles, ou abrutis, ou endurcis; dont Saint Paul a si souvent prononcé ce mot effroiable, que *Dieu les avoit laissez*; & qu'il avoit abandonné mesme des nations entieres *à leurs pensées, & aux voyes brutales & aveugles de leur cœur pendant des milliers de siecles.*

Rom. 1
Act. 14

IX. Que par méme moyen il faloit tenir, que Iesus Christ n'estoit venu pour tous, n'estoit mort pour tous, & n'estoit Sauveur & Redempteur de tous qu'en ce mesme sens; c'est à dire *de tous les predestinez & les esleus*; & de tous ceux qui estoient effectivement rachetez & sauvez par lui; retirez du corps de Sathan & du monde pecheur, pour estre à iamais incorporez dans le sien, sans en pouvoir estre aucunèment separez, & lesquels enfin estoient vivifiez & sanctifiez en lui dans le temps, pour estre un jour glorifiez avec lui dans l'eternité.

X. Que tous fes efleus faifoiết un mő-
de dans le monde, & un monde total
plus particulier, dans un monde total
plus univerfel; un moindre, dans un
plus grand; un reconcilié dans un non
reconcilié; un pris & choifi, dans un
delaiffé & reprouvé; & enfin une Eglife
en grande partie invifible, dans une vi-
fible; & au milieu & de Synagogue, &
de Paganifme.

Iean 17   XI. Que les Prieres de Iefus, priãt pour
un monde, & ne priant pas pour l'au-
tre, les diftinguoient affez tous deux.
Iean 10 Qu'apellant les uns fes brebis, les autres
non; & affeurant mefme qu'il eftoit
donné aux uns, & non pas aux autres,
Luc 9. d'entendre la verité & de la croire; &
que mefme fa parole eftoit dite à plufieurs, pour les endurcir, conformement aux efcritures; il difcernoit affez
le monde efleu, du reprouvé; & qu'en
effet l'application de fon fang, de fes
Prieres, de fes fouffrances, & de fes
Efaie 6 merites, monftroit affez qu'il n'eftoit
Iean 12 mort, que pour fauver ceux qui eftoient
effectivement fauvez; fon intention ne
pouvant non plus eftre anneantie pour
personne

perſonne; que ſon rachapt fruſtré par
perſonne; le prix de ſon ſang ni refuſé
de Dieu, ni mal employé des hommes,
ni ſa bonne volonté, ſa vie & ſa mort,
inutiles à la veritable delivrance, & à
l'effectif ſalut de celui, pour lequel il
les a donnez.

XII. Qu'en ſuite de cela, il eſtoit tres
vrai, que noſtre eſlection en Ieſus Chriſt,
eſtoit auſſi efficace que gratuite; & auſſi
infaillible pour l'eternité dans le temps,
qu'eternelle devant le temps meſme.
Que les eſleus eſtoient le corps myſti-
que de Ieſus Chriſt, dont il ne perdoit
non plus de membre, que du naturel;
& pour le dire ainſi encore moins, les
parties myſtiques de ſon corps, n'eſtans
ſujetes à ſeparation aucune, dés qu'elles
lui eſtoient unies. Que ſa vraye Egliſe
interieure & inviſible, eſtoit ſi entiere,
que ni croix, ni violence, n'en briſoit
jamais aucun os: & que ſi elle eſtoit de
vrai inviſible & cachée aux yeux des
hõmes, elle eſtoit tres-preſente & tres-
manifeſte aux yeux de Dieu, lequel la
voyoit toûjours eſcrite en ſon livre, qui
eſt ſon ſein, & en ſa parole & ſon mi-

roüer, qui eſt Ieſus Chriſt ſon Fils.

XIII. Que les eſleus eſtans marquez à ce coin, *Dieu connoit ceux qui ſont ſiens:* eſtoient eternellement predeſtinez & eſleus du Pere, dans le Fils, au Saint Eſprit; c'eſt à dire, en Ieſus Chriſt noſtre Seigneur, par pur amour, & par gratuite miſericorde; juſtifiez par ſa foi, ſanctifiez par ſa grace, vivifiez par ſon Eſprit, & glorifiez par ſa gloire, dont les biens dependoient entierement de ſes merites. Qu'il n'y avoit rien en nous, digne de nous faire eſlire, y ayant beaucoup de choſes, dignes de nous faire reprouver. Qu'eſtans univerſellement condamnez en la perſonne d'Adam, nous meritions d'eſtre condamnez en la noſtre; ſi Dieu le Pere nous abſoluant par ſa grace, Dieu le Fils, n'avoit merité pour nous, noſtre abſolution par ſa juſtice.

XIV. Que tous les hômes avoyent perdu leur liberté quant au bien, dans leur premier pere, lors qu'il avoit perdu la ſienne, tuant en ſoi tous ſes enfans, ſans qu'il peuſt, ni qu'ils peuſſent ſe reſſuſciter. Que nous naiſſiôs tous de lui

2. Tim. 6.

aveugles quant à l'entendement, convoiteux quant à la volonté, & pecheurs quant à l'estat. Que nous estions naturellement esclaves de Sathan, vaisseaux d'ignominie, enfans d'ire, & serfs Eph. 2. du peché; necessitez non pas contrains à mal faire; libres au mal, impuissans au bien, desunis de Dieu, attachez à nous: enfin tous desordonnez & meschans.

X V. Que l'homme ne sçavoit, & ne pouvoit de soi-mesme que pecher, & jetter comme un fumier naturel, une necessaire ordure. Qu'il ne pouvoit ni se porter à faire bien, ni s'abstenir de faire mal; & non plus se garder de broncher, que de lui mesme se tenir debout. Qu'un pas glissant lui estoit aussi necessaire, qu'un pas ferme lui estoit, non seulement mal-aisé, mais impossible; & qu'il pouvoit bien tomber, mais non pas se relever de soi mesme. *Que sans foi tout* Rom. *estoit peché, & sans elle impossible de plaire* 14 *à Dieu;* & non seulement impossible de Heb. 11 lui plaire, mais impossible de ne lui deplaire; toute action libre qui n'avoit pas son Esprit pour sõ principe, sa grace pour sa guide, & sa gloire pour sa fin, ne pouvãt estre que vicieuse, & en suitte de ces manquemens, coupable de trois grands defauts. selon quoi il falloit dire, que les vertus des payens estoient des vices, & leurs actions les plus loüées, des pechez blasmables.

XVI. Que comme l'ignorance du bien naturel, (dont l'homme n'avoit perdu la connoissance que par le peché, duquel la privation de cette science estoit une juste peine) n'excusoit point devant Dieu l'homme pecheur, si Dieu ne l'excusoit lui-mesme ; La necessité à pecher tant en suitte de cette ignorance volontaire ou involontaire ; qu'à raison du domaine de la convoitise, ne l'excusoit point de faute : & soit qu'il voulust pleinement le mal, soit qu'il ne le voulust qu'à demi, & fit un mal qu'en quelque sens il ne voulust pas (comme dit l'Apostre) il estoit tousiours malin , & par consequent tousiours coupable: en un mot tousiours condamnable pecheur , quoi que pecheur necessaire.

XVII. Qu'en cét estat l'homme necessité de vrai , mais non pas contraint à pecher , estoit tellement dominé par

la convoitise , qu'elle l'entraisnoit infailliblement au mal , lequel lui estoit
rendu d'autant plus facile, que le bien
ne lui estoit pas seulement difficile, mais
impossible ; l'homme corrompu estant
si peu capable de bien faire , qu'il n'e-
stoit pas mesme capable de bien penser ;
& le plus grand effort de son pouvoir,
se trouvant insufisant à produire non
seulement une bonne action, mais encore un bon mouvement, & la volonté
mesme de l'avoir.

XVIII. Que la vraye liberté laquelle consistoit à servir à Dieu & à
dominer le monde ; à estre esclave de sa
grace, & estre maistre du peché, enfin
à obeyr à Dieu & commander à soi
mesme ; avoit esté perdue dans le premier homme, & n'estoit plus dans les
autres, si la grace du second Adam re-
parant la faute du premier, ne redon-
noit le bien, qu'il avoit osté,& ne reme-
toit ses éleus,dãs l'estat duquel ils estoiẽt
tombez ; & auquel ils meritoient de
n'estre non plus relevez, que les reprouvez , qui n'y estoient jamais remis.

XIX. Que par consequent la loi

estoit impoßible sans la grace, & la convoitise indomptable sans la charité; laquelle n'estoit pas si parfaite en cette vie dans les esleus, qu'elle leur fit accomplir une loi, que neantmoins elle seule fait garder; la crainte servile pouvant bien arrester le corps, mais non pas le cœur; qui fait en mesme temps au dedans par amour de soi, sans amour de Dieu,ce qu'il ne fait pas au dehors par crainte de rigueur divine,ou mesme plustost par apprehēsion de sa propre peine.

X X. Que s'abstenir par des motifs purement servils, des maux & des pechez, estoit en commettre; vaincre des vices par des vices, les plus grands par des moindres, & par fois mesme des moindres par des plus grands; l'intemperance par l'orgueil; l'avarice par la prodigalité, & le faste mesme par un plus grand faste. Qu'enfin il faloit que Dieu donnast, ce qu'il commandoit qu'on lui donnast, & que le lui donner, estoit non le lui donner, mais le lui rendre; puis qu'en ordonnant d'aymer, de prier & de faire, il faloit qu'il fit aymer, fit prier, & fit mesme faire.

XXI. Que c'est pour l'obtenir, le meriter, & l'operer mesme en nous, que Iesus estoit venu le meriter pour nous, &agir & patir, pour nous faire d'injustes, justes ; & d'enfans de Sathan, enfans de Dieu. Que lui mesme fait nostre justice, nostre sainteté, & nostre sagesse : nous justifioit par ses merites, nous sanctifioit par sa grace, & nous conduisoit par son Esprit. Que nous n'estions acceptables devant Dieu, que par l'homme-Dieu & n'estions reconnus pour enfans du Pere devant le Pere, que comme revestus de son Fils, & faits son fils.

XXII. Que les seuls esleus en estoient vrayement couverts, & recevoient seuls sa vraye foi & sa vraye grace, l'Esprit de sa justice, & de sa sainteté, seul esprit du corps de sa vive Eglise, dont les seuls esleus, estoient les vrais, & eternels membres, Iesus n'en ayant point de veritables, qu'il peust perdre; rien ne pouvant oster au Fils, ce que le Pere lui avoit donné; ny ravir de ses bras, ce qu'il y avoit mis ; ni personne lui faire cette injure, que de mutiler son corps, & lui arracher par force un doigt du pied, ou de la main.

XXIII. Que sa foi & sa grace dans ses esleus & ses Saints, leur rendoit tres asseuré & tres ferme tesmoignage, qu'ils estoient ceux qu'ils estoient, c'est à dire, esleus & saints. Que rien ne les pouvoit separer de l'amour eternel, que Dieu leur portoit en Iesus Christ, au cœur duquel leurs noms estoient escrits pour le moins autant qu'en ses mains, & d'un caractere aussi ineffaçable que celui du livre de vie, *Son Esprit rendant tesmoignage au leur, qu'ils estoient enfans de Dieu, & leur faisant crier* avec autant de force, que de tendresse, *Abba Pere.*

XXIV. Selon ces veritez, je fus obligé de traitter en suitte, la justification par la foi, la sanctification par la charité, & la reparation de tout l'homme, par la grace du Dieu-homme: d'establir selon l'Escriture, la gratuite adoption de Dieu en lui & par lui; la nullité de nos merites, soit congrus (comme parloient les adversaires) soit condignes (comme ils ont aussi coustume de dire) & de monstrer l'inutilité de nos services, & le total sujet, que nous avons

de ne nous fier aucunement, ni à nos Luc 17.
penſées, qui ne ſont qu'enclines au mal, Gen. 8.
ni à noſtre cœur, qui n'eſt capable de
ſoi d'aucun bien.

XXV. Par meſme moyen, je fus
engagé neceſſairement à traitter du
Franc-Arbitre, qui ne merite point d'e-
ſtre appellé Franc, que la grace ne l'ait
affranchi ; & à prouver comme quoi,
aprés ſa premiere corruption, & ſon
originelle maladie, il reſtoit ſi foible,
qu'il ne pouvoit pas ſe tenir, & comme un febricitant, ne pouvoit ni marcher de ſoi, ni meſme demeurer de-
bout. Qu'à moins que le Fils le liberaſt, Iean 8.
il reſtoit eſclave ; & à moins que la
grace medecinale le gueriſt, il eſtoit
touſiours ſi malade, qu'il eſtoit ſujet à
recheute, & meſme la grace en le gue-
riſſant, ne lui dónoit pas une ſi parfaite
ſanté, c'eſt à dire, une ſi parfaite ſainteté,
qu'elle excluſt tout peché de lui, & ne
lui laiſſant la convoitiſe, comme une
racine de fievre chaude, & de corruption en ſes entrailles, qui lui faiſoit
aſſez eſprouver, que pour ſain & ſaint
qu'il fut, il eſtoit touſiours pecheur &
malade.

XXVI. Que la seule grace de Iesus Christ faisoit la santé, appellée pour cét effet *Medecinale*; faisoit seule sa liberté, appellée pour cét effet *Liberatrice*; & vainquoit seule en lui son cœur & son peché, appellée pour cela *Victorieuse*. Qu'elle seule lui donnoit le pouvoir de s'empescher du mal, d'en combatre les tentations; d'en abatre les efforts, & d'en vaincre les allechemens. Qu'enfin elle seule lui donnoit aussi la puissance de faire le bien, la foi pour bien croire, la lumiere pour bien penser; l'affection pour bien prier; la contrition pour se bien repentir: la connoissance de soi, pour se bien humilier: la vigueur, pour bien agir: la force pour bien pâtir: l'amour pur, droit & filial, pour bien aymer; en un mot toute vertu, pour bien vivre.

XXVII. Que pour cela nos bonnes œuvres estoient des graces, & des dons de Dieu, bien plus qu'elles n'estoient nos effets; ains qu'elles estoient proprement, les effects de Iesus Christ & de son Esprit en nous, qu'il plaisoit à Dieu de nous imputer à merite par le

sien , & les couronner mesme de re-
compense , mais gratuite à nostre regard , juste au regard de Iesus Christ,
Dieu ne nous donnant rien par debvoir,
mais par pure grace, & ses dons , & le
plus grand de ses dons , Iesus Christ
mesme, ses merites., son Esprit, & ses
bonnes œuvres en nous, qu'il faisoit no-
stres, par le gratuït amour, par lequel,
il a fait nostre, tout ce qui est sien.
Qu'ainsi nous recompenser & nous sauver, n'estoit pas nous faire justice, ou
n'estoit qu'en faire à Iesus Christ. Que
proprement le Pere , n'en faisoit qu'au
Fils , à sa satisfaction & à sa valeur ; &
par mesme moyen à soi mesme , c'est
à dire aux arrests de sa bonté, à sa parole, & à ses promesses ; aux pactes pas-
sez avec son Fils , caution pour ses esclaves , & caution pour des insolvables.

XXVIII. Que l'homme ne pouvant
de soi mesme que se perdre, c'estoit au
Dieu-homme, à le sauver, & ne pouvant que faire mal par son peché, c'e-
stoit à lui, à lui donner le moyen de
faire bien par sa grace. Que cette
grace estoit son unique force, sans la-

quelle l'homme n'eſtoit que foibleſſe.
Qu'en elle & par elle, celui qui ne pouvoit rien, pouvoit tout; & l'infirme de-
venant fort, combatoit & vainquoit
par elle, la force du monde.

Philip.
4.

XXIX. Que cette puiſſante grace
de Ieſus Chriſt, eſtoit vrayement puiſſante ſur l'homme, & meſme toute
puiſſante; ne pouvant ni eſtre fruſtrée
de ſon effet, tel que Dieu non ſeulement l'avoit preconnu, mais préordon-
né; ni eſtre aneantie en ſon execution,
auſſi infaillible qu'en ſon deſſein. Qu'il
eſtoit eſcrit, *qu'un Dieu faiſoit tout ce qu'il
vouloit, & au ciel & en la terre, ſans que
rien lui peuſt reſiſter*, & que le Franc-
Arbitre d'un Dieu (puis qu'il eſtoit
queſtion d'arbitre) eſt d'autant plus fort
que celui de l'homme, que l'homme
meſme eſt infiniment plus foible, & en
nature & en volonté qu'un Dieu.

Pſ. 113.

XXX. Que cette grace de Dieu &
de Ieſus Chriſt, non ſeulement pouſ-
ſoit, ou aidoit à faire, mais faiſoit meſme faire, appellée pour cela avec grande raiſon *efficace*, n'illuminant pas ſeulement, mais faiſant voir; ne portant

Ezech.
11.

pas feulement à vouloir, mais faifant vouloir; & donnant & operant le vouloir mefme. Qu'elle ne pouvoit point eftre rejettée par le cœur endurci, auquel elle oftoit l'endurciffement; ni arreftée en chemin par fa tardifveté, puis qu'elle le faifoit courre, & mefme voler, ni enfin empefchée par lui en aucun, ou de fes vouloirs, ou de fes effets; puis qu'elle mefme lui donnoit & le *vouloir* Philip. *& le parfaire.* 2.

XXXI. Que s'il eftoit queftion des graces, aufquelles l'homme refifte, elles n'eftoient ou qu'exterieures, comme font la loi, la predication, & les miracles, & les graces, aufquelles il eft bien donné à l'homme, de prefter l'oreille, mais non d'affujettir le cœur : Ou interieures, mais foibles & paffageres, telles qu'eftoient quelques lumieres d'intelligence ; quelques legers mouvemens de la volonté, & autres graces femblables, qui n'eftoient envoyées, que pour l'effet qu'elles avoient, qui eftoit d'illuminer & de toucher temporellement : mais n'eftoient pas les graces de la foi juftifiante, de la charité fancti-

fiante, & de l'infufion de l'Efprit de Ieſus Chrſt, & de ſa grace *liberatrice &*
medecinale ; aufqulles il eſtoit, auſſi impoffible, qu'un homme reſiſtaſt, comme qu'il reſiſtaſt par maniere de dire, à Dieu meſme, à ſon vouloir & à ſon pouvoir, fruſtraſt ſon decret & aneantiſt ſon bon propos: & comme il eſt impoffible, qu'il reſiſte au vouloir & pouvoit de Ieſus Chriſt, auquel la mer & les flots, la mort meſme & l'enfer, n'ont pû reſiſter ; & dont il eſt efcrit que *Dieu le Pere exauce toûjours les prieres*, lui donne tout ce que ſa bouche lui demande ! hè combien plus ce que lui demande ſon ſang ?

Iean 12

XXXII. Qu'ainſi il falloit tenir pour tres certain, que Dieu faifoit entierement tout ce qu'il vouloit de l'homme, avoit plus ſa volonté en ſa main, que l'hôme ne l'avoit lui meſme en la ſienne, tournoit ſon cœur où bon lui ſembloit, ſans que ſon cœur s'en peuſt dégager, ni deſtourner ; & enfin le ſauvoit infailliblement, des qu'il le vouloit ſauver.

2. Rois 9.

XXXIII. Que pareillement I. Chriſt obtenoit tout ce qu'il defiroit de nous,

devenoit vrayement noftre chef & noftre maiftre fans depêdre de noftre confentement, lequel il nous faifoit avoir,
dés qu'il lui plaifoit de nous le donner,
& que n'eftant pas de fa grace, comme
de celle d'Adam (laquelle n'eftoit qu'u-
ne ayde à faire) elle eftoit une grace,
& principe à faire faire, une cause à
faire agir infailliblement, & neantmoins librement; invinciblement, mais
volontairement; fortement, mais doucement; noftre volonté eftant amou-
reufement combatuë & vaincuë par la
fienne. Qu'enfin elle avoit un parfait
domaine & une abfoluë puiffance à
faire de vrai agir par neceffité, mais fans
contrainte: Cette neceffité eftant une
vraye liberté, & d'autant plus vraye &
plus grande liberté qu'elle eftoit plus
neceffité: mais neceffité heureuse! Captivité douce, & avantageux efclavage!
pnis qu'il ne lioit qu'à Iefus Chrift, &
n'affujettiffoit qu'à Dieu.

XXXIV. Et c'eft proprement ici
qu'il me faluft combattre & renverfer
cette groffiere erreur, laquelle eftablif-
foit la liberté dans l'indifference, &

dans le pouvoir à faire également le bien & le mal. Liberté laquelle, au lieu d'estre vertu & perfection enfermoit imperfection & foiblesse, & repugnoit manifestement à la supreme liberté de Dieu, qui ne peust pecher; à celle de Iesus Christ, tousiours tres libre, & tousiours tres impeccable; & à celle des bien-heureux, tellement necessitez au bien, qu'ils ne pouvoient s'en detacher, & d'autant plus libres du mal, qu'ils ne pouvoient pas le faire; vouloir le mal & le pouvoir faire, estant plustost une foiblesse, qu'une force, & un defaut de puissance, qu'un indice de pouvoir: comme pouvoir pourrir, estoit en un fruit, un defaut, & pouvoir mourir, une infirmité en l'homme.

XXXV. Que le pecheur, l'injuste & l'infidelle ayant cette puissance, ou plustost impuissance puissante à faire le mal, & à faire mesme toute sorte de mal, (selon que Dieu l'abandonnoit à soi, & à sa foiblesse) pouvoit devenir aussi meschant qu'un demon, estant aussi libre au mal que lui, & mesme libre comme lui : mais qu'il n'avoit pas la liberté

berté à faire le bien, ni ne pouvoit ou
le vouloir, ou l'accomplir, puis qu'il
en avoit perdu dans le premier homme
le pouvoir; lequel ne lui pouvoit estre
rendu, que par le second.

Que iusques à son effectif affranchissement par Iesus Christ & par sa grace,
il estoit esclave de Sathan & du peché,
qui le dominant comme un animal volontaire & libre, le menoit captif sous
toutes sortes de convoitises, dont il ne
laissoit pas d'estre coupable, bien qu'il
ne peust pas leur resister. Qu'aussi plus
le iuste, le regeneré, & le Saint, estoit
soumis & subiugué par la grace, plus il
estoit affranchi & libre, & d'autant plus
maistre du monde & de soi, qu'il estoit
plus sujet & plus esclave de Dieu. Que
sa grande liberté au bien consistoit à
estre heureusement obligé & necessité à
le faire; & sa plus grande liberté, c'est à
dire affranchissement du mal, consistoit
à le pouvoir moins commettre, & sa
tres-grande & parfaite liberté, à ne le
pouvoir commettre du tout: liberté
d'autant plus noble, qu'elle estoit celeste, & approchoit de celle de Dieu;

de Iesus Christ & des bien-heureux.

XXXVI. Que la grace maistresse du Iean8. Franc Arbitre, estoit celle qui le faisoit Franc ; nul esclave *n'estant vrayement libre, que celui que le Fils delivroit ; & nul Disciple, n'estant vrayement affranchi que celui qui avoit la verité pour maistresse.* Que cette grace liberatrice, estoit donnée aux eleus, & refusée aux reprouvez ; & que sa vertu toute puissante, bien loin d'estre soumise au franc-arbitre, le soumettoit, & au lieu d'emprunter de lui son efficace, lui donnoit la sienne.

XXXVII. Qu'un des-grands abus du monde, estoit de penser avoir la grace en sa main, & croire disposer de ses momens, & des moyens, de la conversion, de la repentence & du salut. Qu'il n'y avoit point de *grace suffisante* commune & universelle ; donnée ou pour le moins offerte à tous à salut, telle que l'enseignoient les semi-Pelagiens du temps. Qu'elle estoit une invention de l'esprit humain, flateur de la nature, & destructeur de la grace. Que cette grace suffisante estoit pour le dire ainsi l'Idole de la derniere Synagogue, &

l'abomination mesme de desolation assise en son Temple, dans lequel l'arbitre de l'hôme estoit adoré commé un Dieu, voire plus que Dieu puis qu'il assujettissoit le vouloir divin au sien, & ravaloit telle mét I.Christ sous soi, qu'il faisoit dependre l'efficace, de son sang, & la force de sa grace, desa fantaisie, & de sa foiblesse.

XXXVIII. Que l'Escriture & la foi combattoient manifestement tous ces faux dogmes, en produisant les exemples de tant de delaissez & d'endurcis, & de tant de gens, ausquels la foi, l'intelligence, & la predication mesme, estoient refusées. De ceux ausquels il estoit parlé pour les endurcir, & ausquels le jour estoit porté pour les esblouir. De ceux ausquels il n'estoit pas donné de croire, de mesme qu'il l'estoit donné aux autres, & de ceux enfin, dont les effets & les vies, les delaissemens, & la mort mesme prouvoient manifestement, (parmi les enfans & parmi les adultes) qu'ils n'avoient pas esté separez de la masse corrompuë, & n'avoient receu ni de lumiere de verité, pour connoistre Dieu & Iesus Christ, ni d'ardeur

Luc 10.
Esai. 6.
Iean 12
Act. 16
&c.

L 2

de charité , pour les aymer. Qu'il eſtoit
viſible que la grace , ſans laquelle on ne
peut eſtre ſauvé,qui eſt la foi,eſtoit refu-
ſée à pluſieurs,grace laquelle ſeule peuſt
eſtre dite vrayement ſuffiſante à ſalut,
pource qu'elle ſeule ſauve , & qu'il n'y
a vrayement que la grace efficace, c'eſt
à dire , celle qui ſauve effectivement,
qui ſuffiſe pour ſauver.

XXXIX. Que cela neantmoins n'épeſ-
choit pas que le prix du ſang deIeſus,ne
fuſt plus que ſuffiſant à ſauver,non ſeulement tous ceux qui eſtoient damnez;
mais meſme un infini nombre de demons & d'hommes , dont le fini ou infini demerite, n'eſgaloit pas le merite
infini de Ieſus Chriſt ; mais que n'eſtant
pas donné pour eux du coſté du Fils , ni
accepté pour eux du coſté du Pere ; enfin ne leur eſtant aucunement appliqué
d'aucun coſté , & moins du leur (comme n'en ayans ni la puiſſance , ni le
moyen) que de tout autre;il ne pouvoit
eſtre dit ni eſpanché ni donné pour eux;
veu que s'il leur eſtoit dóné ou apliqué,
il les ſauveroit,& ſa pſuſque ſuffiſáre valeur , leur ſeroit infailliblement efficace.

XL. Qu'en effet conformement à ces maximes, l'erreur estoit contrainte d'a-vouër, que la pretenduë grace suffisante n'avoit jamais suffi à persône, & ne pouvoit mesme, lui suffire; ne servant par consequent qu'à rendre l'homme plus coupable, par l'abus qu'il est infaillibe qu'il en fairoit. Qu'elle ne pouvoit mes-me lui servir qu'à le rendre d'autant plus desesperé & plus miserable, qu'il ne pouvoit pas s'en bien servir, ni vaincre avec toute sa force, la plus foible ten-tation, & le moindre vice: Beaucoup moins pouvoit il pretendre, d'estre iu-stifié ou sanctifié par elle, puis qu'elle ne servoit par son abus qu'à le souïller; & que quelque effort qu'il fit ou avec elle, ou par elle, nul desir & nul effet, nulle priere & nulle aumône ; nulle crainte & nul amour (qui ne pouvoit estre que servil) nulle pieté & nulle bonne œuvre ; ou pour le moins pre-tenduë bonne (n'y en pouvant point avoir de bonne sans la foi, & la foi ope-rante par charité) n'estoient capables, ni de le iustifier, ni de le sauver ; & ce qui est bien d'avantage, ne pouvoient

pas mesme le disposer (comme il faut)
à une vraye justice; toutes ses justices
sans la foi, n'estans que des injustices,
& toutes ses actions, si peu vertus, qu'elles estoient mesme des pechez.

XLI. Ce qui n'empeschoit neantmoins pas, que l'homme pecheur, ne
fit quelque bien , & ce qu'on appelle
des bonnes œuvres, en l'estat mesme
de peché, quand il estoit prevenu &
eslevé de quelque grace ; touché de
quelque mouvement de Dieu & de son
Esprit, qu'il lui estoit donné de suivre,
& par mesme moyen estant meu de lui,
& poussé de quelque charité divine,
produire un bon fruit par cette racine,
& par motif de retour à Dieu, faire une
action , qui n'en estoit pas un detour.

XLII. Que toutefois estant obligé,
agissant librement c'est à dire volontairement, d'agir par principe ou de mauvais, ou de bon amour, c'est à dire ou
de charité, ou de convoitise; il ne pouvoit ou que bien, ou que mal faire; c'est
à dire ou plaire à Dieu , ou lui deplaire,
toute action humaine & libre estant peché, ou vertu, & n'y en ayãt point (com-

me on difoit) d'indifferentes quant aux actes, & quant aux individus, s'il y en à quant à l'efpece, toutes eftant mauvaifes ou bonnes, à raifon de leur mauvais ou bon principe, & de leur bonne, ou mauvaife fin.

XLIII. Que de là il s'enfuivoit neceffairement, que nul n'eftoit juftifié ni par la Loi, ni par les œuvres; ni par foi mefme ni par autrui; ni par Confrairies, ni par Indulgences; & non pas mefme *par l'œuvre œuvrée* (comme on parle) des Sacremens; beaucoup moins par fes propres merites; par loüye des Meffes, les confeffions, les abfolutions, l'invocation & l'adoration des Saints, les baftimens des Chapelles, les dorures des Autels, & la multitude des offrandes; qui n'eftoient que des fraifles rofeaux, propres à faire cheoir ceux, lefquels s'apuyoient deffus; & des emplaftres du dehors, mal propres à guerir les abfcés mortels du dedans. Mais que le vrai falut venant de Dieu, le vrai moyen en venoit de Iefus Chrift, & que comme on ne le devoit point à autre fource, on ne le recevoit point auffi d'autre ruiffeau.   L 4

XLIV. Qu'il faloit remonter à Dieu Principe de tout bien, pour le trouver l'origine du furnaturel, auffi bien que du naturel, & mefme plus pure caufe de celui-ci, que de celui-là. Que nous devions le fecours de nos miferes, à fes pures mifericordes, & le remede de nos maux, à fa bonté. Qu'il faifoit grace par grace, & mifericorde (côme il dit lui mefme) par mifericorde & nous la faifant, nous faifoit un bien, non feulement que nous ne meritions pas qu'il nous donnaft, mais que nous meritions qu'il nous refufaft, & que mefme il nous l'oftaft, s'il arrivoit, qu'il nous l'euft donné.

XLV. Que Iefus feul eftoit noftre juftice, auffi bien que noftre Sainteté, & noftre fageffe felon le dire de l'Apoftre. Que fans fa mort, nous n'avions point de pretention à la vie, ni fans fa grace, à la gloire. Que le feul prix de fon fang, nous acheptoit le Paradis, comme lui feul le valoit ; & qu'il ne faloit point croire le payer d'autre monnoye que de la fienne. Que fans qu'il nous a affranchis, nous ferions eternels efclaves, & que tandis que nous ferions

esclaves tout ensemble & enfans du
diable, il ne faloit pas attendre de nous
comme tels, que des œvures propres
de noftre Pere; pour reffembler par elles
à lui; & que des effets de noftre obeyf-
fance, aux injuftes Loix de noftre
maiftre.

XLVI. Que fans l'homme-Dieu,
l'homme ne pouvoit rien faire, & que
c'eftoit lui, qui faifoit plus le bien en
l'homme, que ne le faifoit l'homme
mefme. Que le jufte & le Saint, n'eftoit
pas neantmoins un inftrument mort ou
brutal, mais volontaire, amoureux &
libre; par une volonté, un amour &
une liberté, que Iefus mefme fon principe lui donnoit. Qu'enfin c'eftoit lui,
qui commençoit, continüoit & con-
fommoit noftre falut; n'y ayant rien
mefme de fi communement advoüé par
les adverfaires, comme que l'homme
ne pouvant meriter la premiere grace,
ne pouvoit meriter non plus la derniè-
re; & qu'ainfi le commencement & la
fin du falut eftans gratuits (la perfeve-
rance eftant un don, non pas un devoir) par confequent tout le falut auffi
l'eftoit.

XLVII. A toutes ces veritez je ne
faillis pas d'adjouter, qu'encore que
noſtre predeſtination fut gratuite, &
noſtre ſalut en vertu d'elle infaillible,
toutefois ni les Prieres, ni les œuvres,
ni la Loi, ni les exhortations n'eſtoient
pas inutiles, ni ordonnées & pratiquées
en vain. Qu'au contraire elles eſtoient
des voyes preparées de Dieu, afin que
Eph. 2. nous y cheminaſſions, & parvinſſions
par elles à l'execution du ſalut meſme.
Que les moyens eſtans auſſi bien eſleus
que la fin, eſtoient auſſi neceſſaires, que
la fin meſme: & qu'il ne les faloit pas
ſeparer en l'homme, puis qu'il ne l'eſtoient pas en Dieu. Que l'une & les
autres eſtoient dans l'ordre & le Conſeil de l'eternité, & partant ne pouvoient manquer d'avoir leur effet dans
le temps. Qu'il eſtoit infaillible que les
eſleus s'y rengeroient, ne pouvant pas
aller au ciel, par un chemin qui mene
en enfer. Qu'eſtans enfans, ils le ſe-
roient d'obeyſſance; & eſtans enfans de
Dieu, porteroient infailliblement ſes
traits.

XLVIII. Que nous eſtions obligez

par toute sorte des loix naturelles &
surnaturelles, d'obeyr à Dieu ; & de lui
rendre nos devoirs, d'adoration, de
dependance, d'imitation, & de conformité divine. Que la misere estoit obligée de se connoistre & reconnoistre miserable, & avoir par consequent recours à la misericorde, & partant prier.
Que l'indigence avoit besoin, de s'adres-
ser à l'abondance pour estre enrichie, &
apres avoir receu, remercier & tesmoigner gratitude. Qu'un enfant bien né,
n'avoit garde d'offenser son Pere, ains
au contraire s'efforçoit, & se devoit efforcer de lui aggréer ; & en l'honnorant
devant tout le monde, faire voir à tout
le monde, qu'il est digne de son honneur, & du sien. Qu'enfin la bonne vie,
le bon usage de la Loi, & les bonnes
œuvres, estoient l'ordinaire preuve de
la foi vive, laquelle sans elles, estoit en
danger de n'estre qu'une foi morte, foi
reprouvée, & foi propre des demons,
qui croyent sans faire ; & peuvent bien
craindre, mais non pas aymer.

XLIX. Qu'une foi de pensée & de
bouche ne suffisoit pas, mais qu'il fa-

Iac. 2.

loit une foi & de cœur & d'œuvre; laquelle du dedans, passast au dehors; & de, l'esprit à la main. Que celle qui venoit de Dieu, portoit à l'aymer, & à lui plaire; & faisant un homme, son enfant, le faisoit necessairement lui ressembler. Que cette ressemblance, consistoit à l'imiter, & à estre parfait (dit le Fils) comme son propre Pere & le nostre, lequel est si bon, qu'il fait mesme du bien aux meschans. Que la vraye foi, & la vraye Sainteté unissant à Iesus Christ, unissoit à son Esprit & à sa vie, & faisoit que comme on le reuestoit au dedans, on le manifestoit au dehors; ce qui ne se pouvoit faire sans une bonne vie, & de bonnes œuvres, propres à representer le Fils, & glorifier le Pere.

L. Que l'accomplissement de la volonté de Dieu, estant le vrai tesmoignage de son amour, il faloit monstrer, qu'on l'aymoit en l'accomplissant, l'amour ne consistant pas *en la langue*, *& en la parole* (comme dit tres-bien le Disciple de l'amour, qui peust en estre appellé le maistre) *mais en œuvres*, *& en verité*, pour n'estre pas dit avoir un amour parleur, & non pas faiseur; & qu'enfin c'estoit au bon fruit, qu'on discernoit les bons arbres; les astres be- nins, à leurs influances; les bonnes cau- ses à leurs bons effets; & les hommes mesmes sages & vivans, à leurs bons raisonnemens, à leur conduite, & aux vives productions de leur sagesse & de leur vie.

Matth. 7.

L I. Que l'esprit mesme & la grace de l'eslection, necessitoient les esleus à produire des effets, correspondans à leurs principes. Que l'Esprit de Iesus en donnoit tousiours par tout où il se trou- voit, & ne manquoit jamais à produi- re des actions dignes de lui, soit en lui, soit en ses membres. Que toute semen- ce portoit son fruict selon sa nature; & que sur tout la semence divine, qui tom- boit dans le cœur des esleus, & y de- meuroit; ne pouvoit manquer de porter ses fruicts selon la sienne. Que tout en- fant monstroit de quel Pere il estoit né, ce qui est né de chair estant chair; & ce qui est né d'esprit, estant esprit; & par consequent aussi, ce qui est né de Dieu estant divin, & ayant necessairement

Iean 3.

des oppérations divines.

LII. Que la chose se remarquoit telle, & dans l'Escriture & dans l'ordinaire expérience, en tous les grands esleus de Dieu; lesquels plus ils estoient persuadez de ces veritez, & asseurez mesme de leur election & de leur salut, prioyent & operoient d'avantage : aymoient & monstroient aymer plus ardemment Dieu, jusqu'à se hayr eux mesmes; & bien esloignez d'estre ou libertins, ou negligens; estoient comme saintement excessifs à estre severes à eux mesmes, & veilloient jour & nuict sur eux, comme s'ils eussent esté en danger. Que tels avoient esté les Patriarches & les Prophetes, & tous les plus grands Saints de l'ancienne loi; telle la bien heureuse Vierge, S. Iean Baptiste, & les Apostres, & mille autres saints tresasseurez de leur election dans le nouveau; lesquels quoi que tres certains de leur salut, n'ont pas laissé de l'operer avec la crainte filiale (dont parle l'Escriture) & laquelle est bien plus amour, que peur; & selon ses conseils, ont veillé; jour & nuict, prié sans cesse

Philip. 2.

& ont donné tefmoignage certain & aſſeuré (pour parler avec Saint Pierre) de la bôté de leur Apel, par la bonté de leurs œuvres, ou pluſtoſt des œuvres de l'Eſprit de Dieu, & de la grace de Ieſus en eux.

LIII. Que l'amour de Dieu dans ſes enfans, eſtant bien un plus puiſſant reſſort que la crainte ; il eſtoit certain que plus ils ſont libres de l'iniquité, plus ils ſôt ſerfs de la juſtice. Que la peur eſtoit bonne pour les eſclaves, qui ne font rien que côtraints, au ſifflemét du foüet, & au bruit des chaiſnes ; mais que l'amour eſtoit la loi des enfans de Dieu, & la charité la plenitude de la Loi en toute ſorte de ſens ; c'eſt à dire , & ſa perfection & ſon accompliſſement ; & propre à la faire accomplir , à tout cœur qui aime. Que les enfans de Dieu eſtoient conduits de ſon Eſprit, & ſon Eſprit eſtoit amour ſelon qu'il eſt eſcrit , *Dieu eſt Amour* ; l'eſprit ſervil de crainte de peine, ou d'amour de propre récompenſe , n'eſtant non plus le principe de leurs actions, que la regle de leur vie : Car quoi que Dieu

promette salaire gratuit à leurs bonnes œuvres , & que lui mesme le
veuille estre; ils le servent heantmoins
bien plus pour lui, que pour eux, &
plus pour son amour, que pour le leur;
preferants infiniment le Dieu des contentemens & des gloires, aux gloires &
aux contentemens, (pour le dire ainsi)
de Dieu; sur tout si ces gloires , & ces
contentemens sont considerez hors de
lui , & si on les regarde comme propres.

LIV. Ce sujet estant infini, le discours en seroit infini aussi , & passeroit
bië fort les termes d'un recueil qui n'en
est que l'Abbregé. Me souvenant que
j'ai nommé celui-ci tel, je le finis volontiers pour dire. Que ces veritez, ne
receurent pas de toute sortes de personnes, le bon accueil qu'elles meritoient : mais se trouvant contraires aux
erreurs de plusieurs, en souffrirent le
combat, & se defendirent neantmoins
si heureusement, ou plustost Dieu les
defendit si bien ; qu'elles remporterent
une bonne partie de la victoire, pouvant asseurer en leur faveur, aussi verita-
blement,

blement, que justement, qu'encore que j'y fusse estrangement poursuivi (puis que Dieu voulust que je fusse persecuté pour leur soustien) elles ne laisserent pas de subsister, & si je l'ose dire de triompher mesme ayant vaincu.

CHAPITRE SEPTIESME.

Des persecutions que la predication & le soustien de ses veritez esleverent contre l'Autheur, & des merveilleux moyens dont Dieu se servist pour l'en delivrer.

COmme le Soleil se levant un peu piquant & chaud en Hyver, attire des vapeurs propres à l'obscurcir, & à former des nuages, qu'il a de la peine à dissiper : de mesme la verité paroissant un peu forte & vive au milieu des hommes, en esclairant leurs erreurs, & en remuant leurs cœurs, ne manque point d'eslever contre elle de leur part, des persecutions & des tempestes, qu'il lui faut essuyer pour l'amour d'elle mesme, & d'eux. Le monde ne pouvât recevoir la paix, qu'elle lui presente, lui fait la guerre; & en semant sur elle ses noires vapeurs, tasche d'obscurcir son jour. Iamais homme de Dieu ne la dist aux hommes, qui n'en fut maudit. Le Dieu-homme mesme la leur disant fut estimé diable; & devant lui ses Prophetes, & apres lui ses Apostres, furent tous mal-traittez pour la verité, de laquelle pour estre trop amis, ils furent ennemis du monde; & de ses genereux confesseurs, devindrent enfin ses martyrs.

Les preuves en sont dans tous les deux Testamens, recueillis au vingt-troisiesme chapitre de Saint Matthieu par Iesus Christ, Et en l'onziesme de l'Epistre aux Hebrieux par Saint Paul; où le Maistre reproche le sang espanché de tous les Saints pour la querelle de la verité, aux mescreans; & le Disciple en descrit les differentes façons, les uns ayans esté battus, les autres bannis; ceux-ci mis en deux, ceux-là mis en plusieurs pieces; les uns sciez, les autres hachez; tous tuez ou du tranchant

de l'espée, ou du tranchant de la langue; lapidez tantost d'injures, tantost
de cailloux; déchirez de la dent des uns, Matth.
& des mains des autres: Enfin accueillis 5.
de la hayne du monde, qu'attire l'a-
mour de Dieu; de la malediction, que
Iesus Christ veut, qu'on tienne à bene-
diction; & d'une disgrace & d'un mal-
heur, qu'il oblige les siens de prendre
pour grace, & mesme pour beatitude.

Suivant quoi, Dieu ne m'eust pas engagé, à descouvrir les veritez, dont je
viens de faire le recueil, qu'incontinent
il se fit des tonnerres, des bruits & des
esclairs, qui m'ont fait tousiours souve-
nir de ceux que Saint Iean descrit en
l'Apocalypse, lors que quelqu'un des Apoc.
sept sceaux du livre cacheté s'ouvroit. Ie 48. &c.
n'en eus pas ouvert la bouche, dés la
premiere année que je preschai, (devant que le grand Ianssenius n'eust mis
au jour son aussi saint, que sçavant Livre) qu'un Intendant de justice s'en for-
malisa, s'en prenant pour la grace suffisante (sur la cause de laquelle il creust
peut-estre que son intendance lui donnoit droit)& fit quelque espece de bruit;

sur ce que je n'en admettois que d'efficace ; aussi estonné de m'ouyr parler d'un gratuit salut d'esleus, que d'un juste abandon de reprouvez. Depuis encore des Ecclésiastiques, & entr'eux mesmes des Docteurs, ne se formalisèrent pas moins de m'ouyr dire ; Que Dieu par la grace faisoit son bon plaisir de nous, & tout par elle selon son plaisir en nous; sa volonté gouvernant tres absolument la nostre, & dominant un Franc-Arbitre, qu'ils creurent que je ravalois trop, pour ce que je ne le faisois que valet de Dieu.

Les Reguliers aussi en suite, & pour ce chef & pour d'autres, ne s'alarmerent pas moins, voyans que j'attaquois leurs œuvres de supererogation & de Loi humaine, comme inutiles sans foi, mortes sans charité, & mal nommées de supererogation, puis qu'elles estoient de devoir, voyans que j'enlevois & dissipois les thresors de leurs justifications surabondantes, & de leurs merites pretendus acheptans le ciel plus qu'il ne vaut, non seulement pour eux, mais aussi pour leurs amis, pour lesquels ils

en ont touſiours bonne proviſion de reſte : Enfin leurs appuis ſur vœux, ſur
cordons, ſur Roſaires, ſur Indulgences,
& ſur mille autres ſemblables nouveaux & jolis moyens de ſalut, ſur leſquels les Apoſtres, ni ne ſe ſont aviſez
d'eſtablir le leur, ni ne nous ont ſceu
apprendre, de fonder le noſtre.

Tous ces petits & menus bruits diſ-
poſans & conduiſans peu à peu les choſes à un plus grand, le formerent enfin
tres-grand, à l'occaſion que je vai dire.
Vn Seigneur d'auſſi bon eſprit, que de
bonne condition, detenu dans la Cita-
delle d'Amyens ſous la garde, ou plû-
toſt ſous la favorable caution d'un autre grand Seigneur Duc & Pair de France, & lors Gouverneur de la Province;
pouſſé du deſir de me voir, & m'ayant
daigné pour ſa conſolation, faire demander une viſite (dont lui meſme
obtint de tous les coſtez qu'il faloit, les
neceſſaires congez, que je creus importans à fermer la porte aux calomnies) m'obligea de lui rendre mes devoirs, & en le viſitant, & conſolant ſur
ſon eſtat, lui faire voir, que ne lui eſtant

M 3

pas deshonorable du coſté des hommes, il ne lui eſtoit pas deſavantageux
de celui de Dieu, qui lui avoit deſtiné
cét eſtat meſme pour ſon bien, & des
conſeils eternels & amoureux duquel,
& ſur ſa perſonne & ſur ſa famille,& lui
& ſa famille,ne faiſoient que porter dãs
le temps un neceſſaire, mais utile effet.

Ce diſcours m'engagea je ne ſçay
comment à lui rapporter le mot de Io-
ſeph dans le Geneſe, diſant à ſes freres
que ce qu'ils avoient penſé contre lui en mal,
Dieu l'avoit tourné à bien; & que c'eſtoit
pluſtoſt par ſon conſeil que par le leur,
qu'il avoit eſté jetté & dans une Ciſter-
ne, & en ſuite dans une priſon. Pareillement je lui citay, ceux qui ſont dits
dans la meſme Eſcriture du Saint homme Iob, & du grand Thobie ſucceſſeur
de ſa patience, auſſi bien que de ſes
douleurs, deſquels il eſtoit eſcrit, que
ce qui leur ſembloit eſtre arrivé par cas
fortuit, & comme l'Eſcriture meſme
parle (*par avanture & par accident*) leur
avoit eſté tres-expreſſement ordonné
& envoyé de Dieu meſme, pour eſprouver leur vertu, & pour en tirer en meſ-

me temps & la confusion des demons,
& l'edification des hommes. Enfin
(passant sous silence mille semblables
paroles de l'Escriture que je lui dis sur
ce sujet) je lui rapportai celles que Actes 2
Saint Pierre dit aux Actes de Iesus
Christ mesme, *livré au temps defini par
le conseil & la main de Dieu son Pere à celle
des hommes*, & plus tué [pour le dire
ainsi] par la rigueur & la justice du ciel,
que par la cruauté & l'injustice de la
terre : Exemples aussi exprez qu'admi-
rables, à prouver que le Conseil de
Dieu regloit tout parmi les hommes, &
que comme sa providence conduisoit,
sa sagesse ordonnoit tous leurs estats.

La suite du discours porta ce Seigneur non seulement à se consoler, mais
à s'instruire sur tous ces passages ; &
ayant desia ouy parler de mes sentimens touchant la predestination & la
grace, advoüant avec Madame sa fême
[personne d'aussi grande vertu, que de
grand esprit] de n'avoir peu jamais
gouster la doctrine de ceux, qui en establissent de contraires ; m'obligea pour
leur consolation, & leur instruction

particuliere, à leur parler à fond de ces deux sujets, autant qu'un entretien de trois heures m'en donna le loisir, & la grace de Dieu le moyen. Et par ce qu'il me sembla important de leur faire voir, & a la bonne compagnie, qui se trouva là, que je n'avançois rien de moi mesme, je priay cette vertueuse Dame, de me faire apporter sa Bible Françoise, laquelle je sçavois qu'elle lisoit avec autāt d'honneur que d'amour, & en rapportāt de ses enseignemens, autant de fruit, qu'elle aportoit à sa lecture de respect.

Genese 2.
Exod.3 &c.Produisant par ce moyen les passages du Genese, & de l'Exode, du premier des Rois, & des autres livres de l'Escriture, & les faisant mesme voir à l'œil, touchant Esaü, & Iacob, Saül & David, & plusieurs autres; & joignant à ces tesmoignages ceux des Pseaumes, des Proverbes, & des escrits des Prophetes; avec un tres grand nombre de ceux de Iesus Christ: plusieurs des Actes, plusieurs des Lettres de Saint Iean, mais sur tout ceux des trois si belles, & si expresses Epistres de Saint Paul, l'une aux Romains, depuis le premier jusques au

douziefme chapitre : & les deux entieres qu'il efcrit aux Epheſiens, & aux
Galates, je vins à leur prouver nettement la predeftination gratuite des
efleus, independente de leurs œuvres
& de leurs merites, auſſi immuable &
infaillible en fon effect, qu'eternelle en
fa durée; & auſſi miſericordieuſe en fon
deſſein, que le delaiſſement des reprouvez eſtoit juſte. Ie ne laiſſai meſme rien,
de ce que jugeai neceſſaire à leur parfaite inſtruction, les en ayant reconnus
capables, que je ne leur diſſe, pour prevenir ou foudre leurs objections, & les
eſclaircir ſur toutes les ſuites particulieres, qui ſe devoient retirer [comme
monſtre le recueil que nous en venons
de faire] de ces principes generaux.

En effect des perſonnes d'eſprit, comme eſtoient celles qui meſcoutoient, ne
manquerent point à me les former, &
à me propoſer toutes les queſtions, qui
en pouvoient naiſtre, auſquelles je fus
obligé de ſatisfaire, nõ ſeulemẽt pour ne
laiſſer pas la verité engagée; mais pour
ne la laiſſer pas meſme foible, dans l'eſprit de ceux qui la recevoient avec une

foi auſſi forte, que facile. Tout cét entretien conſola merveilleuſement ce
qu'il y euſt là de fideles, & ne les eſclaira
pas ſeulement en la connoiſſance de
Dieu, mais les eſchauffa en ſon amour.
On adora ſa grandeur apres avoir connu ſa verité; Et comme on appriſt la
liberté de ſa grace, & le domaine de ſa
puiſſance, on appriſt auſſi à demander
inſtamment l'une, & à dependre humblement de l'autre. En particulier meſme, on ne peuſt pas s'empeſcher ſur la
fin du diſcours, d'admirer la force des
Eſcritures, dans leſquelles ces veritez
eſtoient ſi nettement couchées; de de-
plorer l'ignorance où lon eſtoit de leur
valeur, par l'abus de ne les pas lire; &
de ſe plaindre des defenſes, que des
hommes faiſoient aux hommes, de lire
les eſcrits de Dieu,

Sur quoi m'eſtant aſſez clairement
expliqué [ſelon que j'eſtois des-ja en
poſſeſſion de les faire lire en langue
vulgaire aux fideles, & meſme de les
leur lire & expliquer dans les chaires &
dans les Egliſes] je ne manquai point
à les exhorter de continuer leur ſainte

pratique, & de perseverer à chercher leur instruction par le tesmoignage de Dieu dans son propre livre: dãs lequel je leur fis voir que les anciens fideles estoient obligez de lire & de mediter jour & nuit; que les Rois & les nobles estoiẽt tenus de fueilletter selon le commandement fait à Iosué, & à tous ses successeurs; & selon que les nouveaux fideles, & nobles & roturiers, dans la primitive Eglise le faisoient conformement à l'ordre de Iesus Christ, qui porte *Qu'on s'enquiere diligemment des Escritures*, & qu'on y foüille & les fueillette, comme livres *divinement inspirez*, *utiles à enseigner & à convaincre*, dit le grand Apostre, dont les nobles de Berée, ne craignirent pas de verifier la predication, à la confrontation des saintes Lettres.

Tous ces discours ayans porté coup, sur le cœur de ces deux personnes & encore sur quelques autres des assistans, & n'ayant pas neantmoins produit mesme effet sur tous, *estant donné de croire, aux uns* (selonqu'il est escrit, & que nous venions mesme de voir) *& n'estant pas* *donné aux autres*, *la foi*, comme dit Saint

à Theſſ.
8.

Paul, *n'eſtant pas de tous*; il ſe fit quelque eſpece de partage d'eſprits en ce lieu particulier, qui ſerviſt par cét accident à partager en ſuitte tous ceux de la vil-le. Vn des aſſiſtans n'ayāt pas en effet eu aſſez de grace, pour digerer ces veritez, & en reſtant pourtant esbranlé, eſtant allé s'en inſtruire, avec ceux qui tenoient les erreurs contraires; les allarma du rapport, que le Seigneur (dont j'ai parlé)& Madame ſa femme eſtoient entierement gaignez à ces ſentimens; & par ce moyen obligea leur zele à venir les voir dés le lendemain, pour esbranler leur creance , & deſraciner viſte un froment, qui ne faiſoit que ſe lever; & dont ils croyoient que l'herbe fut foible, & la racine encore tendre.

Mais ils furent bien eſtonnez de le trouver fort,& meur en ſi peu de temps. Ils ne laiſſerent pas neantmoins de faire effort pour l'arracher, mais en vain. Il tinſt ferme à ſa terre,& ne ploya ni pour ſecouſſe , ni pour ſoufle de vaine do-ctrine , reſtant debout en foi au Sei-gneur , & n'eſtant pas un roſeau ploya-

Rom.
11.

ble à tout vent. Les aggresseurs voyans
que les aggressez se defendoient forte- Eph. 4.
ment par le glaive de l'Esprit, qui est la
parole de Dieu, & par les textes for-
mels des Escritures, ne peurent sortir Eph. 6.
de ce combat, où ils perdirent beaucoup, sans crier un peu, & sans dire
que toute cette doctrine estoit impie &
heretique, que tous ceux là l'estoient,
qui la tenoient, & moi beaucoup plus
que tous eux, qui non content de la
tenir, me meslois de l'enseigner, & d'a-
prendre aux autres des sentimens tous
contraires aux beaux dogmes, qu'eux
mesmes m'avoient appris, ou que pour
le moins ils avoient pretendu m'apprendre.

Non contens de m'avoir ainsi décrié
en particulier, ils me décrierent en public, & en obscurcissant ma foi par
tout, m'obligerent à la declarer. Ie
fus donc engagé par là (la calomnie
estant publique) à en faire la découverte publique, & à dissiper, par mesme moyen, les tenebres de l'erreur, par
les lumieres de la verité : Dieu m'offrant
une si belle & si heureuse occasion d'e-

ſtablir & de glorifier la grace de Ieſus
Chriſt ſon Fils, j'entrepris à traitter en
chaire toute la matiere de la predeſtination, de la corruption originelle, de la
reparation, de la grace de Dieu & du
franc arbitre de l'homme; & à pouſſer
& prouver par pluſieurs predications
toutes les veritez & les principes, dont
je viens de faire le recueil. Le bruit &
le ſujet attira un concours extraordinaire de toute ſorte de perſonnes, dont
Dieu ne manqua pas de gaigner pluſieurs à ſa verité, nonobſtant tous les
efforts, que mes adverſaires, qui furent
en grand nombre contre un ſeul, firent
& par leurs predications publiques, &
par leurs converſations particulieres, de
les retirer de cette ſainte & veritable
creance, qu'ils ne qualifioient de rien
moins, que d'impie, & d'heretique.

Dieu me donnant la force de les
ouyr, & en ſuitte de les refuter par l'Eſcriture, les Conciles, & les Peres, donna
grand poids à ſa cauſe, & fit que de
jour en jour un plus grand nombre quit-
ta celle de l'erreur. Ces pertes, & la
ruïne de la grace ſuffiſante, de la pro-

pre juſtification, des œuvres & des meꝫ
rites humains , aigriſſant entierement
ceux qui y tenans, en appuyoient le parti ; firent que ne le pouvans plus ſouſtenir par leur parole , ils entreprindrent
de le maintenir par mon ſilence. Toute
ſorte d'eſtats, Eccleſiaſtique, Regulier,
& Seculier, complotterent par enſemble, afin d'en venir à bout; & en effet eurent le pouvoir de faire aſſiſter à mes
Sermons les perſonnes d'autorité & de
juſtice, qu'ils avoyent prevenuës de leurs
ſentimês, & qu'ils eſtoient aſſeurez d'engager à leur defenſe. Ils n'eſpargnerent
pas de donner meſme la peine à Monſieur le Gouverneur de la Province
(qui tenoit lors la place de celui qui
l'eſt à preſent) de ſe tranſporter viſte
dans la ville, l'ayans effrayé du danger de ſedition parmi le peuple , auſſi
bien que l'Intendant de Iuſtice, & tout le
reſte de ce qu'ils eurent de plus puiſ-
ſants, & de plus zelez amis.

Dieu m'augmentant le courage dans
le danger, & me redoublant ſa force,
à la veuë de la leur, fit que je pouſſai
encore avec plus de hardieſſe & de

force que devant, toutes les veritez que
j'avois preschées; faisant pour cét effet
un recueil serré de leurs principes & de
leurs preuves, afin que tout ce nouvel
auditoire, n'en peust non seulement
pas pretendre cause d'ignorance : mais
eust mesme le moyen d'en estre le rap-
porteur & le tesmoin. Ie laissai à sa conscience de l'estre fidele. Plusieurs conseils se tindrent là dessus, pour trouver les expediens non seulement de me
faire taire, mais de me faire, ou bannir
ou emprisonner; & par ainsi me liant
la langue par les pieds, m'empescher
non seulement de parler, mais de plus
monter en chaire. On sollicita à cét
effet les corps Ecclesiastiques, & les
Chapitres, dans le plus grand desquels,
non seulement ma doctrine, mais les
differens & les procez qu'il avoit avec
son Evesque, firent que pour s'en venger
sur moi, je trouvai d'abord beaucoup
d'adversaires; mais Dieu y avoit aussi
ses Gamaliels & ses Nicodemes, qui ne
manquerent pas d'y soutenir la verité &
l'innocence; & ne tremperent point
dans l'iniquité de ceux qui presterent

leur

leur authorité & leur suffrage, pour les opprimer.

On chargea de toute sorte de memoires, Monsieur le Gouverneur de la Province partant pour la Cour. On y adjousta bon nombre de lettres particulieres à Monsieur du Noyer Secretaire d'Estat, escrites par ceux, dont l'esprit & l'amitié lui acquirent durant sa vie, le nõ public (côme un chacun sçait) de *Ie-suite de courte robbe.* Ce fut aussi lui du credit duquel, on se servist toûjours particulierement pour me perdre, côme d'un instrumét aussi zelé, que puissant a faire ce coup. Il prist en effet ce dessein si fort à cœur, qu'il s'y porta comme à une bonne œuvre, & comme pensant faire grand service à Dieu, & pour le moins grãd plaisir aux hommes. Il s'y employa d'abord de tout son pouvoir, & tous les grands superieurs reguliers de Paris, qui gouvernoient son credit, aussi bien que sa conscience, ne manquerent point de l'interesser vivement au soustien de leur doctrine, & de leurs pratiques, & à poursuivre auprès de lui, & par lui auprès du defunt Roi, & de feu Mon-

ſieur le Cardinal des droits importans,
dont le gain de cauſe , ſembloit dependre de l'heureuſe iſſuë de ce procez.

Deux paroles qu'il marriva de dire
dans l'ardeur d'un peu de zele, à Monſieur le Gouverneur de la Province, lors
qu'il me vouluſt detourner , & par
douceur & par rigueur, du ſouſtien de
ces veritez ; eſtans rapportées à Monſieur du Noyer, ſemblerent l'avoir aigri.
L'une fut, que ce Seigneur me menaſ-
ſant , qu'on me mettroît des grands en
teſte, je lui repondis *Qu'ils feroient donc
des martyrs.* Et derechef comme il inſi-
ſtoit encore , ſoit à m'intimider , ſoit
à me prier , de me deporter de leur
pourſuite, je lui laſchai ce ſecond mot,
*Que je ſouffrirois pluſtoſt , qu'on m'arra-
chaſt le cœur du corps, que la verité du cœur.*
Deux paroles leſquelles rapportées à
ce Secretaire d'Eſtat, le mirent en telle
chaleur, qu'il ſe miſt comme en devoir,
de faire ce qu'elles diſoient ; ne s'eſtant
peu empeſcher d'en teſmoigner de l'aigreur, & du reſſentiment à un Docteur de
la Sorbonne qui fuſt lui parler en faveur
de la verité , & lequel il vouluſt à peine

escouter, ne faisant que lui redire que j'estois un autre Calvin, & que je merirois un traitement, pareil à celui, qui lui estoit deu.

Ce judicieux Docteur ne se rebutant pas pour cela, mais lui remonstrant que les fruits de ma predication, & les conversions des ames, estoient des marques de la bonté de ma parole, il se roidist au contraire, disant qu'elle en estoit plus dangereuse, & que si on ne me garrotoit tout le corps, on ne me lieroit pas la langue. En effect il fust de ce pas, chez feu Monsieur le Cardinal, pour obtenir de lui, ou mon exil, ou ma prison. Il croyoit la chose faite, dés qu'il en ouvriroit la bouche, s'imaginant, que la consideration des assidus & laborieux services, qu'il rendoit jour & nuit à ce grand maistre, lui feroient enteriner cette requeste avec la mesme facilité, avec laquelle il en obtenoit souvent d'avantageuses, pour le bien non seulement spirituel, mais temporel des Iesuites.

Dieu en la main duquel sont les cœurs des grands, avoit dés long-temps aussi

admirablement qu'heureusement pourveu, à ce que le cœur de ce grãd Cardinal, fut plus pour moi, que contre moi,
quelq; effort qu'õ eust fait de me le rendre côtraire. Il estoit arrivé par providẽ-
ce de Dieu, qu'environ deux années devant celle là, je m'estois trouvé toûjours
prescher dans les villes, dãs lesquelles la
Cour estoit venuë, & où celle de ce Cardinal avoit fait toûjours partie de mon
auditoire. Par providence encor divine,
ces Mrs avojent pris telle satisfaction
& tel goust aux predications , qu'au
retour ils en faisoient leur ordinaire entretien dãs la maison de leur maistre, lequel leur tesmoigna souvent prendre du
plaisir au rapport, qu'ils lui faisoient, des
choses qu'ils avoyent ouyes. Dieu voulust que de ce nombre de mes plus familiers auditeurs, furent ses plus familiers amis, & ceux mesme qui portoient
le nom de ces favoris. Tels estoient
Monsieur l'Evesque de Renes, frere de
Monsieur la Mote le Mareschal, Monsieur le Comte de Nogent, Monsieur de
Baumont, & plusieurs autres tant ses
Capitaines , que ses Medecins, Secre-

taires, Aumoſniers, & perſonnes re-
marquables de ſa Cour, deſquelles Dieu
diſpoſa que mes predications gaignaſ-
ſent le cœur, afin qu'au beſoin ils ren-
diſſent le teſmoignage à la verité, que
la verité meſme les obligea de lui redre.

Ie ne peux pas éviter, & me deſgager
en ſuite des predications, & des converſations meſmes qu'ils deſirerent de
moi, d'eſtre veu & aymé d'eux, & en
recevant de leur amitié, des avis de l'effort qu'avoit fait l'envie & la calomnie
ſur leur maiſtre, pour aliener ſon cœur
de moi; en recevoir en meſme temps
de la bonté de leurs offices auprés de
lui, & de ſon affection à me proteger.
Tout cela ſemblant m'engager à voir &
à remercier ſon Eminence, le peu d'inclination que j'ai toûjours eu à hanter
la Cour, & l'amour de mon humble
eſtat, de mon repos, & de l'attache à
mes petites occupations de charité &
d'eſtude ; firent que je negligeai ce
bien, & ne me ſervis point de l'avanta-
geuſe ouverture qu'on me faiſoit, pour
avoir & facile accez & amiable accueil
auprés d'un homme, dont tout le monde

cherchoit d'eſtre veû, & dont l'œil & la faveur, faiſoit la fortune de pluſieurs.

Fuyant humblement cét abord, Dieu m'y engagea contre mon gré par une deputation que le corps du Chapitre, dont j'eſtois Chanoine, fit de moi vers ce Cardinal, ſans que j'en ſceuſſe rien, ni aſſiſtaſſe à ce conſeil. N'ayant pû refuſer cét emploi, je fus le voir, & je ne l'eus pas harangué ſur une affaire aſſez importante, mais pieuſe, laquelle dependoit autant de ſa bonne volonté, que deſon pouvoir, qu'il m'arreſta pour preſcher le lendemain devant lui, & m'obligeant meſme à ne prendre de repas que dans ſa maiſon, vouluſt comme par là me faire voir, que la porte m'en eſtoit ouverte.

Dieu vouluſt que ces faveurs, & ces converſations domeſtiques, m'acquirent de plus en plus ſon cœur, & celui des ſiens. Ce qui paruſt bien, en ce que n'ayant jamais eu beſoin de lui demander rien, que la délivrance d'un priſonnier, contre lequel il eſtoit aigri, & lequel il avoit long-temps refuſé à pluſieurs même de ſes amis, il me l'accorda

de bonne grace, commandant de sa propre bouche en ma presence à Monsieur
du Noyer, de m'en expedier le brevet,
lequel(tout ennemi qu'il m'estoit)ne me
le peust refuser, ne pouvant point aller
contre un ordre si puissant, pour favorable qu'il me fust,& pour facheux qu'il
lui peust estre. Dieu m'ayant heureusement donné le moyen de me dégager
de cette Cour (où je ne pouvois estre
qu'à regret,& autant contre les inclinations de mon cœur, que contre le repos
de mon estat) fit que je repris doucemēt
mes petits emplois, & ne me servis de
cette authorité,que pour en donner à sa
parole. Ce grand Cardinal ne laissa pas
de me faire souvent tesmoigner depuis,
& mesme dire de sa part, qu'il avoit de
bonnes volontez pour moi, & desiroit
me faire du bien; mais Dieu vouluist que
je n'en eus pas besoin,& me dōna la grace de preferer toûjours la fidelité,que je
debvoisà mon Apel,entre les pauvres &
les petits, à celui qui s'offrist,& s'ouvrist
souvent entre les grands & les riches.

Quand ces choses se passerent de la
sorte,sans que de mon costé je les eusse

recherchées, ains mefme les ayant fuyes,
je ne vis point à quel deffein, Dieu les
avoit ordōnées, & pourquoi fa providē-
ce les avoit fi fagement & fi doucement
conduites : Mais apres que les combats
pour les veritez que j'ai dites, me furent livrez, & que les violentes perfecutions qu'on me fit pour elles, porterent la decifion de mon exil, ou de ma
prifon (pour le dire ainfi) devant Cefar,
c'eft à dire, devant une Cour bien autre
& bien plus jufte que la fienne, je reconnus manifeftement le doigt de Dieu,
& que ç'avoit efté un coup autant de fa
bonté, que de fa fageffe, que j'euffe la
bien-veillance de cette Cour, afin qu'il
en reuffift un de fa force.

En effet me doutant bien, par le de-
part affez fubit de Monfieur le Gouverneur de la Province, par les affemblées
fecretes de quelques corps Ecclefiafti-
ques & Reguliers, par le complot des
confeils tenus, par le rapport des lettres & des memoires efcrits, & enfin par
les menaffes de mes adverfaires, que le
grand combat s'alloit rendre à la Cour,
& mefme devant fon Eminence, pour

obtenir d'elle par Monſieur du Noyer
ma detention ; je ne manquai point de
prendre la hardieſſe d'eſcrire une lettre
Latine à feu Monſieur le Cardinal (lequel ſe plaiſoit qu'on lui parlaſt quelque fois en cette langue) pour l'inſtruire ſur cette affaire , tant par elle , que
par les memoires , que j'en envoyai en
ſuitte à tous ceux de ſa faveur , qui me
faiſoient l'honneur de me conſiderer &
de m'aymer, ou de conſiderer & d'aymer en moi la verité. Ne pouvant pas
quitter le champ de bataille ſans la perdre, je me fiai, que le bon droit ſe ſou-
ſtiendroit (pour le dire ainſi) lui meſme , & qu'une ſi bonne cauſe trouveroit & en de ſi bons amis, de bons Advo-
cats, & en un ſi grãd Genie, un bon juge.

Cependant que ce procez s'inſtrui-
ſoit , la verité continuant à ſe produire,
ne laiſſa pas de s'acquerir tous les jours
de nouveaux ſujets , chacun s'en inſtru-
ſant par les Eſcritures , & s'y affermiſ-
ſant par leur teſmoignage. Le progrez
en faſcha tellement les adverſaires, que
ne pouvans l'arreſter par les effets , ils
taſcherent de l'arreſter par les paroles,

& en ufant de menaſſes , intimider & le peuple & moi, de la peur d'une perſecution violente, faiſans entendre & attendre tout enſemble, qu'on me verroit dans peu de temps, ou chargé de fer, ou environné de feu. Vn Recteur meſme de la Societé, dont Monſieur du Noyer eſtoit ami, & comme on croit, aſſocié, fut ouy dire à un autre Superieur en grand ſecret (mais neantmoins non pas ſi ſecretement & ſi bas, qu'il ne fuſt bien entendu) qu'il avoit dans ſa pochette de la part de ce Secretaire d'Eſtat, de quoi me faire arreſter, mais qu'il ne l'oſoit entreprendre de crainte du peuple, dont l'amour vers moi, l'arreſtoit lui meſme. Ce ne fut ni la premiere, ni la derniere fois, qu'une ſemblable conſideration de l'amour des uns, arreſta la haine des autres; Dieu ayant ſouvent voulu que la bonne affection des pauvres, & des petits, ait ſervi de bride à retenir, la mauvaiſe affection de quelques riches , & de quelques grands.

Ces deſcris & ces menaſſes , n'ayant fait que me ſervir d'un coſté, à me tenir prest à tout ce qu'il plairoit à Dieu, que je souffrisse pour le soustien de sa verité, & pour la querelle de sa grace; ne servirent de l'autre, qu'à augmenter le triomphe, & l'establissement de la mesme verité & grace, & avec la confusion de leurs ennemis; le renversement de leurs calomnies & de leurs erreurs; alors que du costé de la Cour, vint la nouvelle d'un succez, tout contraire à celui, qu'ils attendoient. Monsieur du Noyer, & avec lui ceux qui s'employoient pour l'erreur, n'ayans point manqué (apres avoir informé feu Monsieur le Cardinal, de tout ce qu'ils jugerent propre à l'irriter) de lui demâder tres instammet, ou mon exil, ou ma prison, furent estrangement estonnez, de trouver ce Cardinal, bien autrement disposé qu'eux; & si peu conforme à leur dessein, qu'en leur respondant que l'affaire meritoit bien, qu'il en fut instruit, il prist la peine de s'en informer, d'ouyr lire & faire lire les lettres, & d'escouter deux heures durant (quoi que ce fut en un temps, qu'il estoit incommodé) Monsieur l'Evesque de Renes, lequel avec sa science, & sa ſageſſe ordinaire , plaida ſi bien & ſi heureuſement cette cauſe , & ſon bon droit,auſſi juſte que pieux , qu'il en emporta le gain.

Son Eminence prononçant là deſſus en ma faveur, ou pluſtoſt en celle de la verité (dont Dieu qui l'en vouluſt lors faire en quelque façon le juge , par un coup merveilleux de ſa providence,l'en fit eſtre encore le teſmoin) apres avoir ouy tant de la bouche des ennemis de la verité, que de celle de ſes amis, toutes les propoſitions que j'ai touchées en ce recueil, aſſeura tout hautement, que je n'avois rien avácé en toute cette doctrine, de côtraire aux Eſcritures, & aux Saints Peres, & qu'il ne pouvoit point ſans injuſtice conſentir à ma detention, ou à mon banniſſement, ſans faire tort à la verité & à l'innocence. Que ſeulement ce qu'il y avoit à faire ſur ces queſtions, eſtoit d'en appaiſer les bruits, & mettre ordre d'empeſcher, que les conteſtations des chaires & des doctrines, ne partageaſſent les eſprits, & qu'il n'en naſquiſt pas de plus grandes diviſions.

I'ai appellé ce coup merveilleux,
pource que dans la suitte du temps, ce
mesme Cardinal voyant le grand cours,
que ces veritez commencerent heureusement d'avoir en France, & combien
la creance s'en estoit espanduë comme
un sacré feu par tout (L'excellent livre
de Monsieur Ianssenius ayant une vogue
extraordinaire, & plusieurs tant Docteurs que Predicateurs, se declarans
pour le soustien de sa doctrine) ou
apprehendant quelque trouble, ou ne
souffrant pas volontiers, qu'un homme
qui avoit escrit en quelque façon contre lui, sous un bien autre nom que celui
d'un Saint, fut si fort suivi ; ou en fin
poussé des ressorts de Rome, & du zele
d'en suivre & maintenir les sentimens,
fut tenu non seulement n'avoir pas
d'affection pour cette doctrine, mais
au contraire avoir monstré, estre si peu
content de son progrez, qu'il avoit jugé
à propos, ou pour le moins avoit souffert, qu'on preschast publiquement,
qu'on dictast, & qu'on escrivist contre
elle: Et cela non seulement dans les escoles secretes des Cloistres, mais dans

C'est
un Li-
vre in-
titulé
MARS
GAL-
LICVS.
&c.

celle de la Sorbonne, dont il estoit pro-
viseur; & dans une celebre assemblée
de laquelle, un considerable Docteur, &
Professeur, en vint jusques à porter de
sa part à la compagnie, des paroles si
peu avantageuses à cette doctrine, qu'elles engageoient non seulement le jugement de ce grand Genie à l'improuver;
mais encore sa grande authorité, & sa
puissance, à en empescher le cours. Et
parce que dans la mesme assemblée, un
autre Docteur parlant apres lui, lui ob-
jecta, qu'il avoit peine à croire que le
sentiment de son Eminence fust celui
qu'il rapportoit à la compagnie, veu ce
qu'elle avoit fait en ma cause, en faveur de cette doctrine; il repliqua sub-
tilement, que ce qu'elle en avoit fait,
estoit pluftost venu de son inclination
pour la personne, que de sa bonne affection pour la doctrine; & que mesme
lors, le danger des dogmes, n'avoit esté,
ni assez craint, ni assez connu.

Cependant Dieu ayant fait ce coup
aussi merveilleux qu'heureux, pour le
bien de sa cause, & pour en establir le
droit, j'en usai côme d'une sienne grace,

faire en faveur de sa grace mesme. Et parce que le feu qu'avoit fait l'éclat de ces veritez, estoit si grand, qu'il ne pouvoit plus ni estre couvert, ni estre esteint, il fut force de l'entretenir, tant afin que la pluye de l'erreur ne l'estouffast, côme pource que toûjours le vêt soit de la curiosité des uns, soit de la persecution des autres, le rallumoit. Ce nouvel avantage obtenu sur le parti de l'erreur, le fit un peu taire tout un temps, puis crier derechef, & enfin obligea celui de la verité, de parler plus haut. Ce chemin m'estant ouvert, m'ouvrist celui de declarer plusieurs autres veritez, où il conduisoit comme à ses sentiers, & me donna occasion de descouvrir d'un costé plusieurs abus & superstitions, que j'avois fait semblant de ne voir pas, jusques à ce que le temps vint propre pour les faire voir à autruy; & plusieurs fortes maximes de la foi, que je n'avois pas encore jugé à propos d'exposer à des yeux foibles, & descouvrir en public à des esprits prevenus, que je n'eusse fait que rebuter. Ces veritez concernent quasi tous les principaux points de la foi &

de la Religion Chrestienne, & par ce
qu'ils sont assez importans pour n'estre
pas inconnus, & assez utiles, pour meriter d'estre sceus; & que dailleurs il
est necessaire à la connoissance des choses, dont je me suis engagé de rendre
compte, qu'on ne les ignore pas; Ie ne
plaindrai point la peine d'en faire ici le
recueil,& de dôner à mon lecteur, celle
de les lire, en lui croyant faire plaisir.

Leurs adversaires & les miens, ne
se rebutans pas pour cét eschet, & ne
me relaschans point; ne laisserent pas
de me descrier de tous costez à l'envi;
& dans les villes & dans les maisons particulieres, jusques à defendre
dans leurs confessionaux, de ne venir
pas à mes Sermons, & l'imposer mesme
(comme ils parlent) pour penitence,
à ceux qui se confessoient à eux; inti-
midans tellement les ames foibles,
qu'elles n'osoient entrer dans l'Eglise,
tandis que j'estois en chaire, & moyen-
nant cependant toûjours à la Cour que
quelqu'un y aigrist contre moi l'esprit
du Roi, & le portast à me hayr contre
son inclination, & contre la parole
Royale

Royale , qu'il lui avoit pleu autrefois d'avancer en ma faveur, qui estoit,qu'estant accusé aupres de lui de vouloir reformer l'Eglise , & d'avoir en teste de la remettre à l'esprit primitif , duquel elle avoit descheu ; *Que j'avois ence dessein plusieurs ennemis , & notamment ceux qui seroient obligez mesmes d'y servir, (tous les Moines , dit-il lui mesme ,) mais qu'il vouloit me proteger, & m'estre contr eux favorable ami.*

Ceux qui ont dit,que j'avois dessein de faire une Religion nouvelle,verront par ce receuil de veritez que je n'ai visé,qu'à rétablir seló mes petits pouvoirs la chrestienne ; & leur découverte fera mesme comme j'espere reconnoistre,que sans y penser, j'ai donné dans les vrais & purs sentimens de l'Eglise Reformée, sans que je les eusse ou pris, ou appris de ses Autheurs, & de ses Livres, lesquels (comme je dirai en son lieu) ma simplicité & sincerité d'esprit me faisoient, éviter de lire , & de pratiquer, afin qu'on ne peust me reprocher ni sa publique, ni sa secretté intelligence.

Pour donner lieu à cét aussi profita-

ble, que neceſſaire recueil de ſecondes
veritez dans le chapitre ſuivant, je
finis celui-ci des perſecutions des premieres; par la remarque. Que j'euſſe eſprouvé ſans doute l'effet de cette Royale parole, auſſi bien apres la
mort, que durant la vie de feu Monſieur le Cardinal, ſi on n'euſt fait ou-
blier le Roy de l'avoir ditte; & ſi Monſieur du Noyer, ayant comme affecté
apres la mort de ceCardinal la primau-
té du miniſtere, & abuſant de ſon credit
aupres du Roi, n'euſt taſché de le re-
froidir en mon endroit : mais juſtement
ſur le point, qu'ayant jetté des ſemences
d'averſion de mes ſentimens er ſon eſprit, il fut preſt de faire eſclore ſó mauvais deſſein, Dieu meſme le fit avorter,
& permiſt qu'en me preparant une derniere diſgrace, il la receuſt.

Toutefois il laiſſa aupres du Roi, un
Confeſſeur complice de ſon deſſein, &
pour le moins àutant intereſſé que lui,
dans le bien & l'honneur d'une cómune
ſocieté, qui ne manqua pas de le pourſuivre. Il ſçeut ſi bien prendre ſon temps
& ſe ſerviſt ſi à propos, de la derniere

maladie du Roi & de son danger ; que
sous pretexte des horribles frayeurs de
la mort, il lui donna horreur & frayeur
de ma doctrine ; & soit que ce Prince
malade à l'extremité, & soulagé avec
sujet du maniemēt des affaires, en sceust
quelque chose, ou non; il extorqua une
lettre de cachet, qui sēbloit escrite côtre
moi : mais par bon-heur elle fut si peu
expresse (mon nom n'y estant pas cou-
ché) & d'ailleurs si ambiguë, qu'elle
donna sujet d'estre entenduë d'un autre ; & n'obligea en effet, qu'à suspen-
dre sagement les choses , jusques au
temps , que la mort du Roy estant
survenuë , ce Confesseur n'ayant plus
la liberté, & la puissance de me nuire,
me laissa celle de parler.

CHAPITRE HVICTIESME.

Second recueil de quelques principales veritez, & maximes, touchant divers points de Foi, de Religion, & de Pieté, dont la predication & l'enseignement causa de nouvelles persecutions à l'Autheur.

TAschant de me servir d'une occasion, laquelle je prevoyois bien, ne se devoir pas toûjours presenter si belle, & usant à propos du temps de liberté & de paix, que Dieu sembloit donner, aussi bien aux veritez, qu'aux personnes : Ie le pris tout aussi entier, & aussi favorable que je peux, pour ouvrir une seconde porte, à des secondes veritez, que je ne creus pas moins utiles & necessaires, que ces premieres; & ausquelles ces premieres mesmes, ayant fait planche, & donné passage, il estoit important d'ajouster, & de joindre ces dernieres.

Le besoin y sembloit estre, veu les

corruptions qui eſtoient en vogue, &
l'empire de l'erreur auſſi profondement
enraciné, que generalement ſemé, donné & receu par tout ſans difficulté &
ſans refus,& ayant ſapé par tout les fondemens de la verité, pour s'eſtablir, &
fait taire la parole de Dieu, afin de ſe
faire ouyr. Les diſpoſitions des cœurs
y eſtoient auſſi, & Dieu ayant authoriſé & fait recevoir des maximes ſi
rudes, & des veritez ſi peu communes, que celles qui avoient déja
gaigné tant d'eſprits ; ſembloit les avoir
preparez, à en devorer encore avec
moins de peine de plus douces, & les
avoir rendu par les unes non ſeulement
propres,mais dignes meſmes des autres.

En effet l'occaſion eſtant ſi belle, &
mon Apel eſtant de les découvrir,j'euſſe
eu peine à les celer. Dieu m'y enga-
geant & par ſa conduite & par mon devoir,je ne peux point me degager de les
dire,& de les pouſſer avec d'autant plus
de hardieſſe & de force, que j'eus plus
de liberté & de temps, & qu'engagé tout à fait dans le combat pour la
verité, il m'en falut pourſuivre, auſſi

loin que je pourrois, la decouverte, & la victoire.

Or parce que, c'est chose qui peust estre utile du costé d'autrui; & que du mien elle semble necessaire, & necessaire, tant à l'integrité de ma declaration, qu'à la clarté de ma justification, auprès de ceux, qu'il plaist à Dieu de disposer à m'escouter, & à me croire: & que d'ailleurs les maximes que j'ai tenuës, & enseignées au vrai, ont souvent receu ce tort (dont mes accablemens & persecutions m'ont empesché de les relever) d'estre corrompuës par la malice, noircies par la calomnie, & alterées par le mensonge, lequel y ayant adjousté ce qu'il lui a pleu du sien, ou diminué ce qu'il lui a semblé bon d'en oster, les a faites prendre & passer quasi par tout pour des erreurs; Il semble que je suis obligé, d'en faire ici le recueil, afin qu'un chacun en estant instruit de ma bouche, sçache au vrai, quels ont esté les sentimens de mon cœur; & jugeant de ma foi selon mon rapport, prononce de leur conformité, ou non, à la regle de toute foi & de toute verité, qui eſt l'Eſcriture.

Derechef comme ces maximes concernent divers ſujets, & quaſi tous les principaux, qui touchent la Foi, la Religion & la pieté; & que je les ay ſemées en divers endroits ſoit par eſcrit ſoit de bouche; & ſoit en particulier, ſoit en public; & que par tout elles ont excité des perſecutions contre moy, & m'ont fait ſouffrir pour elles; le deſſein de n'uſer pas de redites & de n'allonger pas cet ouvrage, me fait les recueillir toutes icy, quoi que peut eſtre quelques unes ayent eſté ſemées ou en differens lieux, ou en diverſes années, tantoſt en un auditoire, & tantoſt en l'autre, ſelon les divers lieux, de France, de Guyenne, & de Languedoc, où Dieu diſpoſant que je fuſſe, que i'écriviſſe, ou que je parlaſſe; a voulu que je ſemaſſe ſa verité, & de bouche, & par eſcrit.

Pour ce que neantmoins je pourrois ou eſtre confus, ou eſtre ennuyeux en ce recueil, je ſuis d'advis, & pour le ſoulagement de mon Lecteur, & pour le mien, de diſtinguer les matieres; & re-

duire à quelques principaux chefs, tous
ces articles, qui semblent assez importans & assez utiles, pour rendre un Esprit saintement curieux de les sçavoir;
& pour lui donner mesme le desir, d'en
estre instruit, & pour son esclaircissement, & pour celui de ma Doctrine,
que l'envie & la calomnie, ont beaucoup tasché iusques ici d'obscurcir. Suivant donc quelque ordre, & me re-
treignant au moins de paroles que je
pourray (comme des maximes n'en veulent gueres, & doivent beaucoup plus
estre des sentences, que des discours)
Ie commencerai volontiers par celles,
qui comme plus universelles, doivent
marcher les premieres, telles que sont
celles, de l'Escriture Sainte, & de son
usage; des traditions humaines & de
leur pratique, & enfin de la Religion
exterieure, telle que les hommes l'ont
faite, defaisans celle qu'a fait Iesus
Christ; & s'estans bastis eux mesmes,
un Christianisme faux, qu'ils ont voulu
faire prendre pour le vrai.

Maximes touchant l'Escriture Sainte, sa lecture, son intelligence, & son usage.

I. Que l'Escriture Sainte estoit la vraye regle de la foi, & le vrai livre de la loi, où Dieu avoit declaré tout ce qu'il faut croire, & prescrit tout ce qu'il faut faire. Qu'elle estoit le seul niveau de la doctrine, & de la vie ; & que comme chacun avoit obligation de s'y arrester, chacun avoit droit de la consulter, s'asseurant du culte, & des volontez de Dieu par lui mesme, & en estant instruit de sa bouche, ne s'arrester à celle des hommes, qu'autant qu'elle estoit pur organe de la sienne, & conforme à sa parole.

I I. Qu'elle estoit accomplie de tous points, claire & nette en tous ceux, qui sont necessaires à salut, soit pour la foi, soit pour les mœurs; Iesus Christ y disant & ses Apostres apres lui : Que tout y estoit compris, & que l'Evangile n'estoit couvert qu'aux incredules, comme le jour est nuict aux aveugles. Que

Iean 15
Luc 1.

Act 20.

2. Cor.
4. qui la lifoit, ne la pouvoit trouver ni double, s'il lui mefme ne l'eftoit; ni trompeufe, s'il ne fe vouloit tromper; ni ambiguë en fon fens, ou dangereufe en fes maximes; non plus qu'obfcure en fes lumieres & defectueufe en fes preceptes; eftant efcrit qu'elle eft un flambeau non feulement aux yeux, mais aux Pf. 116.
& 19. pieds; & qu'elle eft toute belle, & toute parfaite, non feulement comme œuvre naturelle, mais furnaturelle de Dieu.

III. Que fa lecture, & fa lecture affiduë & familiere, eftoit cõmandée de Dieu en l'ancienne loi, & confirmée des Deut.
4. 6. &c
Iean 5. commandemens de Iefus Chrift en la nouvelle. Que les hommes ne pouvoient pas difpenfer des commandemens divins; & que par confequent fa lecture n'eftoit pas feulement un poinct de bien feance, mais d'obligation; & qu'à moins de defobeir à l'ordonnance qu'en faifoit Dieu, on ne pouvoit pas obeyr aux defenfes de la lire, qu'en faifoient les hommes.

2. Pier.
1. IV. Que les Apoftres adjouftoient aux commandemens de Dieu, & de

Iesus Christ; leurs ordres, leurs conseils, & leurs exhortations; de sorte que
les vrais cōmandemens humains, secon-
doient parfaitement les divins. Qu'ainsi
s'il falloit escouter des hommes sur la
lecture de la Bible, il faloit sans doute
escouter les Apostres par dessus tous autres hommes; les premiers Docteurs,
plus que les dernieres; & les divins &
vrayemēt divins par dessus les humains,
& par dessusceux qu'on à grand sujet, de
ne prendre que pour humains. Qu'une
authorité valoit bien l'autre, si tant est
qu'apres l'expresse authorité de l'homme-Dieu, il falust en avoir une des
hommes.

V. Que Dieu parlant à son peuple,
& non seulement lui parlant de vive
voix, mais par escrit, lui avoit parlé
en langue vulgaire, & qu'ainsi la Bible
devoit parler & estre leuë en cette langue. Que toute l'ancienne loi, laquelle
les Iuifs estoient obligez de mediter &
de lire jour & nuit, estoit escrite, & leuë
en leur Idiome. Qu'enfin Dieu ne parloit point aux hommes, pour n'estre
pas entendu d'eux, & ne se manifestoit

pas, pour rester inconnu à ceux, ausquels il pretendoit se declarer. Qu'ainsi le peuple Chrestien, n'estant pas moins son peuple, que le Iuif, il ne lui devoit pas parler une langue, qu'il n'entendist pas; ni faire estat de se descouvrir mesme plus à lui, qu'au Iuif, en s'expliquanr moins intelligiblement.

VI. Que Iesus Christ avoit parlé la langue de son pays, & n'avoit fait ni mystere, ni discours en langue estrangere; & que quoi qu'il fit & dit les plus hauts misteres du monde, il les avoit & faits & dits quasi tousiours devant tous, & pour le moins devant ses fideles, en une langue intelligible; sans laquelle toutes ses veritez leur eussent esté des ombres; ses discours, des enigmes; & lui mesme ou leur eust parlé en vain, ou eust eu besoin d'interprete. Qu'il n'estoit rien de tel, que d'ouyr Dieu parler sans truchement, & recevoir sa parole telle qu'il l'a donne.

VII. Que les Apostres avoient tout de mesme parlé en la langue de tous, & tousiours à tous; sans excepter ni sçavant, ni simple; ni Docteur, ni ar-

tifan; & non pas mefme l'aage, ou le
fexe le plus infirme, jufques à commander que tous leuffent, & ouyffent lire
leurs efcrits, puifque tous ayans part à
mefme foi, avoient part à mefme do- Col. 4.
ctrine, & ayans efté rendus capables de
recevoir l'une, eftoient fans doute propres à entendre l'autre.

VIII. Que Dieu avoit mefme une
fecrette efcole pour les fimples, en laquelle les ignorans profitoient fouvent
plus que les fçavans. Que l'humble de
cœur eftoit celui auquel Dieu s'abaif-
foit le plus pour parler, & qu'il fe falloit fouvenir qu'il y avoit dans les vrais
fideles, un efprit qui leur enfeignoit Iean 16
toutes veritez, & une onction, qui les 1Iean 2
leur faifoit fouvent fentir, fans leur apprendre à les dire. Qu'il ne les falloit
pas juger en matiere, d'intelligence
d'Efcriture, & de mifteres, tant à leur
fcience, qu'à leur confcience; & à leur
fubtilité, qu'à leur foi. Que les premiers
Chreftiens n'eftoient pas de grands
Philofophes, mais de grands croyans;
& que neantmoins rien de ce que les
Apoftres leur efcrivoient de neceffaire

à salut, ne leur eſtoit inintelligible, comme rien de ce qu'ils leur eſcrivoient, ne
leur eſtoit auſſi caché. Qu'eſtans tous
Diſciples de meſmes maiſtres, ils avoiét
tous part à leurs eſcrits, nul n'ayant
droit de chaſſer ſes condiſciples de l'eſcole, ni de s'approprier à l'excluſion des
autres, un heritage qui eſtoit commun.

IX. Que deſia la pratique du peuple
Iuif, en l'ancienne Loi, avoit authoriſé
la poſſeſſion de ce droit, pour le Chreſtien en la nouvelle. Que l'un ayant eu
la liberté, auſſi bien que l'obligation
de lire, & d'ouïr lire l'Eſcriture en ſa
propre langue, mettoit l'autre, comme
ſon vray heritier d'eſprit, & plus heritier de Dieu que lui, en poſſeſſion de
cette prerogative, qui lui paſſoit en devoir. Qu'en effet les premiers Chreſtiens
dans la primitive Egliſe en avoient la liberté toute entiere ſelon que prouvoiét
les Actes, & les lettres des Apoſtres, qui
bien loin de leur deffendre cette lecture,
la leur ordonnoient, & l'eſtimoient un
moyen de leur ſalut, comme la defenſe
& la negligence de s'y appliquer en

Act. 17.
Col. 4.
1 Iean 2

pouvoit, eſtre un de leur perte.

X. Que l'Eſcriture ſeroit en vain Eſcriture, & en vain eſcrite en langue vulgaire, & en toutes langues, ſi Dieu n'avoit eu intention que tous la leuſ-ſent, ou l'ouyſſent lire, auſſi pure qu'il l'a dictée, & non deguiſee du fard des hom-mes, ou alterée du meſlange de leurs pa-roles, qui ne peuvent gueres qu'amoin-drir la force des ſiennes. Qu'il eſt im-portant que tout cœur fidele, reçoive en ſa propre pureté, l'inſtruction que Dieu lui dône de ſoi, puis que c'eſt à tout cœur fidele, que lui meſme parle, & qu'il ne fait point acception de grand, ou de petit, de ſçavant ou d'ignorant, en une parole, qu'il adreſſe à tous.

XI. Qu'un Pere ne parle qu'en lan-gue vulgaire en ſa famille, un Maiſtre en ſon eſcole, & un Roi en ſon Royau-me, pour inſtruire de ſes volôtez, ſes en-fans; de ſes maximes, ſes diſciples, & de ſes edits, ſes ſujets. Que Dieu eſtoit Pere, Maiſtre, & Roi de tous les fideles, quels qu'ils ſoient; leſquels ſont tous ſes en-fans, ſes diſciples, & ſes ſujets, & qu'en vain leur parleroit, ou eſcriroit il en

une langue qu'ils entendiſſent, s'ils ne
la liſoient, & n'avoient la liberté, auſſi
bien que l'obligation de la lire.

XII. Que puis que l'Eſcriture eſtoit
le Teſtament de Dieu, & de Ieſus homme-Dieu, nul homme n'auoit la puiſſance d'empeſcher les hommes de le
lire; nul ne pouvant legitimement oſter
le teſtament d'un Pere à ſes enfans, ni
empeſcher qu'ils le liſent, & en eſtu-
dient les clauſes, pour s'inſtruire de ſes
volontez; & reduiſent & decident meſme tous les doutes, & toutes les queſtions, qui en peuvent naiſtre, par la
conſultation & confrontation de ſes articles. Qu'auſſi on ne faiſoit pas de teſtament en langue eſtrãgere, ni en quelque langue que ce ſoit, inconnuë, & inintelligible aux heritiers, & aux enfans.

XIII. Que les Eſcritures eſtant des
lettres eſcrites de Dieu aux hommes,
d'un Roy à ſon Royaume: ains meſme
d'un Pere à ſa famille, & d'un Eſpoux à
ſon Eſpouſe; rien ne pouvoit empeſcher l'eſpouſe, la fille, la famille, les ſujets & les hommes, de lire les lettres de
leur Eſpoux, de leur Pere, de leur Roy,

& de

& de leur Dieu. Qu'il ne pouvoit appartenir qu'à une Maraftre, de cacher aux enfans le teftamét de leur Pere, qu'à un Prince ennemi, ou à un Officier revolté, d'intercepter, ou de retenir les paquets d'un Roy adreffez à fes fujets, & à un homme de mauvaife amitié, les lettres d'un Efpoux à fon Efpoufe. Que qui le fairoit, feroit puniffable, comme un Notaire l'eft, de cacher un teftament, ou de le corrompre; & un Officier d'empefcher qu'on ne fçache les Ordonnances d'un Souverain, qu'on peut violer en les ignorant. Et qu'auffi ni des Edicts, ni de telles lettres ne s'efcriuoiét pas aux perfonnes, aufquelles elles s'adreffoient; en des termes, ou des chiffres inconnus.

XIV. Qu'enfin les Efcritures eftoient les contracts des alliances de Dieu & de fon Eglife, & par confequent mutuels, obligeans à entiere & parfaite connoiffance. Qu'on ne pouvoit empefcher à perfonne de les lire, ou les ouyr lire en fa langue, tant pour fçavoir fes obligations (comme tout contract en porte) que pour connoiftre fes droits. Qu'on ne

pouuoit priver perſonne de l'inſtruction
particuliere de ſon devoir, & de ſa loi;
de ſon chemin, & de ſon but ; de ſa cauſe, & de ſon ſuccez; de la lecture de ſes
pieces, & du livre qui lui appartient, qui
lui eſt eſcrit, qui lui eſt adreſſé, & qui
en un mot eſt ſeul capable de le rendre
vrayment ſçavant, vrayment ſage, &
vrayment ſaint; *homme de Dieu* (comme
dit S. Paul) *accompli en tout, & inſtruit
& preſt à toute bône œuvre.* Que nul homme n'avoit droit de priver de cette conſolation un homme, auquel un Dieu la
vouloit donner. Nul vaſſal n'avoit raiſon de s'oppoſer à ce qu'un Roy parle
lui-meſme à ſon ſujet, le Pere à ſon fils,
l'Eſpoux à ſon Eſpouſe; & qu'on faiſoit
comme violence à Dieu, à ſon deſſein,
& à ſon cœur, d'empeſcher qu'il ne parlaſt lui-meſme, & ne ſe communiquaſt
aux hommes auſquels, il ſçavoit bien,
& ce qu'il leur faloit taire, & ce qu'il
leur faloit dire.

XV. Que les hommes eſtoient bien
hardis, de ſe croire, & de ſe faire plus
ſages que Dieu, dans la defenſe de lire
ſes Eſcritures, ou en y prevoyant des

dangers, qu'il n'y avoit pas preveus; ou en se meslant d'y pourvoir, n'y ayant pas lui mesme pourveu. Qu'il le pouvoit neantmoins facilement avoir fait, ou n'escrivant pas, ou ne faisant pas escrire, ou ayant escrit, & fait escrire, indiquant ceux, ausquels il en permettoit, ou en interdisoit la lecture; Sans quoy il y avoit sans doute de la temerité, de la defendre à quelqu'un, puis qu'il l'adressoit à tous; & injure de tous costez, en osant fermer la bouche à Dieu, & les yeux & les oreilles aux hommes.

XVI. Qu'au contraire lui mesme n'ayant point fait ce discernement, ni donné ces sortes d'advis, ains au lieu de defendre à quelques uns, ayant ordonné à tous leur lecture; il estoit visible, qu'il n'y avoit de son costé nul danger, & que si l'abus s'y glissoit, il venoit tout du costé des hommes : Mais que pour l'abus, que quelques meschans faisoient, les choses ne laissoient pas d'estre bonnes, & leur usage juste & legitime. Que pour ce que des yvrognes abusoient du vin, le vin ne laissoit pas d'estre bon, les sobres ne perdoient pas le droit de s'en bien servir, & que pour cela on n'arrachoit pas les vignes. Qu'on abusoit de la lumiere, du feu, de l'air & de toutes choses, qui ne laissoient pas d'estre des biens communs, & des elemens mesmes necessaires; & que s'il faloit retrancher l'usage des choses, à cause des abus des hommes, il faudroit quasi les leur oster toutes, & ne les laisser user de rien.

XVII. Qu'au contraire il n'y avoit rien de si utile que les Escritures, dont la lecture regloit la Foi, & formoit les mœurs; convertissoit les uns, confirmoit les autres; esclairoit les aveugles, conduisoit les clairvoyans; tenoit les petits enconfiance, les grands en bassesse; encourageoit les foibles, soustenoit les forts; maintenoit la verité, detruisoit l'erreur; faisoit sentir Dieu, communiquoit son Esprit, & apprenoit à le connoistre, & à l'aymer.

XVIII. Que le cœur humble, & fidele experimentoit seul ce qu'elle valoit, & que l'Escriture estoit une sorte de viande, qu'il faloit gouster, pour en sçavoir la saveur. Qu'il la faloit manger

en la lisant, & la digerer, en la rumi-
nant pour s'en nourrir. Qu'il n'y avoit,
qu'à y apporter un cœur espuré, plein
d'humilité & de foi, oint d'esprit de
grace, & aydé de la priere, pour en
rapporter plus, qu'on n'y apportoit,
pour entendre toutes choses necessaires à salut, & souvent par dessus mesme
les necessaires, celles d'abondance, & de
plus grande plenitude; *l'Evangile n'estant* 2. Cor.
couvert (comme dit l'Apostre) *qu'à* 4.
ceux, ausquels le Dieu de ce siecle a poché les
yeux, & aveuglé l'entendement, c'est à dire, aux incredules & aux superbes, ausquels leur enflure empesche la veuë, &
les tenebres de l'infidelité, desrobent
le jour.

XIX. Que c'estoit de vrai un dire
commun, mais faux (comme quasi tous
dires communs venans de gens ignorans, le sont) que la Bible estoit le livre
des hæretiques, mais qu'il l'estoit bien
plus des fideles. Qu'au contraire le
vrai moyen d'estre, & de demeurer heretique, estoit de ne la pas lire. Que Satan en esloignoit tout exprés, pour tenir
tout le monde dans l'erreur. Que s'il y

avoit danger à le lire (ce qui ne pouvoit venir que de la faute du lecteur) il y en avoit infiniment plus à ne la pas lire, & à devenir non seulement heretique, mais impie; & d'homme ignorant Dieu, passer en homme abruti.

XX. Que les deux plus vrais & plus familiers moyens que l'homme eust de connoistre Dieu, de s'unir à lui, de s'instruire au bien, de s'y avancer, de s'y fortifier, & de gouster mesme en cette vie, les biens & les plaisirs de l'autre, estoiét l'Escriture & la priere, l'une par laquelle Dieu nous parloit, l'autre par laquelle nous parlions à Dieu; l'une qui nous manifestoit son cœur, l'autre qui lui manifestoit le nostre, & toutes deux jointes ensemble, nous joignoient à lui : & en l'abaissant à nous, & nous eslevant à lui, entretenoient merveilleusemét bien ce divin commerce, où Dieu entendant nostre langage, nous faisoit entendre le sien : En sorte que comme nous defendre de le prier, estoit nous defendre de lui parler; nous defendre de lire l'Escriture, estoit l'empescher qu'il ne nous parlast.

XXI. Que l'Escriture estant selon l'Escriture mesme, la lumiere & le pain de l'homme, la lui oster, estoit l'empescher de vivre, & de voir; & lui defendre de la lire, en l'obligeant de la garder, estoit l'obliger à voir de nuit, & lui commander de vivre, sans se nourrir. Que si c'estoit cruauté de refuser du pain à un famelique, c'en estoit une bien plus grande de lui oster, celui qu'un autre lui a donné; & qu'une faim ne pouvant que tuër un corps, l'autre pouvant tuër une ame, le refus & l'enlevement du pain surnaturel, ne faisoit que rendre coupable, celui qui l'ostoit, d'un homicide plus grand.

XXII. Qu'au contraire l'ignorance des Escritures, estoit la source de l'ignorance de la foi, & la defense de la lire, un vraye defense d'y devenir jamais sçavant. Que quand on ne vouloit pas que quelcun apprist un art, on lui en cachoit les outils. Que le Turc, qui ne vouloit que des sujets ignorans, en venoit à bout, en leur defendant l'estude; mais que Iesus Christ estoit un Roy, qui vouloit des sujets instruits en la con-

noiſſance de ſes veritez. Qu'il eſtoit difficile de connoiſtre Dieu, ſans ce mi-
roüer qui le repreſente; de ſçavoir Ieſus
Chriſt & ſa religion, ſans la lecture du
livre, qui en contient la vie & la loy; &
de ſe deſabuſer des erreurs & des vani-
tez du ſiecle, ſans cette lumiere qui les
chaſſe, à meſure qu'elle les deſcouvre.

XXIII. Qu'en effet tous les abus,
& toutes les erreurs dans la doctrine,
venoient de l'ignorance des Eſcritures,
& l'ignorance en venoit de la defenſe
de les lire. Que l'erreur la faiſoit tout
exprés, afin de n'eſtre pas deſcouverte,
ſçachant bien, qu'il lui faudroit ceder
la place à la verité, dés que l'Eſcriture la
fairoit paroiſtre. Que pour cela on faiſoit un monſtre, & un grand peché de
ſa lecture commune & vulgaire, afin
qu'ayant horreur de la Bible comme
d'un livre, qui mettoit en grand danger,
l'erreur & l'abus fuſſent toûjours en ſeu-
reté; n'y ayant rien de ſi prejudiciable
à leur authorité, que celle des Eſcritures,
dont la ſeule veuë eſtoit propre à les
ruiner. Qu'à faute que les unes ne pa-
roiſſoient point, les autres regnoient; &

que celles-ci estoient dans le trofne, pource que les autres estoient en prifon. Mais que fi on prenoit la liberté qu'on avoit (laquelle comme on ne la devoit point prendre des hommes, puis qu'un Dieu l'avoit donnée , les hommes auffi ne pouvoient oster) de lire les Efcritures, on feroit bien-toft defabufé, & qu'on verroit d'abord à la faveur de leur jour, & les tenebres où l'on eftoit, & les mauvais chemins que l'on tenoit , en fuivant des guides borgnes , qui triomphoient de conduire, & de faire errer des aveugles,

XIV. Qu'à faute de s'arrefter à ce que l'Efcriture dit, & fe conduire felon fes regles, chacun tailloit la religion, comme une robe courte, ou longue felon fa ftature. Chacun s'en batiffoit une à fa phantaifie, comme une maifon à plaifir. Chacun fe forgeoit une foi, & un culte divin felon ou fes inclinations, ou fes fonges ; bien fouvent felon des voyes que Dieu ne requeroit pas, contre celles mefmes qu'il requeroit. Qu'on ne lui rendoit pas ce qui lui eftoit deu, & qu'on lui prefentoit souvent ce qu'il avoit en horreur. Qu'enfin quelque chemin qu'on suivist en ne suivant pas celui de l'Escriture, on s'esgaroit ; & de là venoit les détours de tant d'errans, que l'Escriture seule pouvoit remettre en bon chemin.

Voilà à peu prés les maximes que j'ai tenuës & enseignées touchât l'Escriture & sa lecture, graces à Dieu avec tel succés, que par tout où j'ai esté, plusieurs n'ont point fait difficulté de la lire, n'y ayant pas jusques aux artisans, qui ne la leussent dans leurs boutiques, & les soldats mesme dans leurs corps de garde, en ayans heureusement banni le jeu, l'yvrongnerie & le blaspheme, & n'y ayant apris qu'à plus craindre Dieu, & à mieux servir le Roi. Aussi cette proposition, *Vn chacun doit lire la Bible*, fit elle la premiere de celles, dont mes adversaires firent flesche contre moi, dans l'extrait qu'ayans fait courre par tout Paris, ils firent mesme couler jusques dans le cabinet royal, au temps qu'ils me voulurent perdre pour une troisiéme fois à la Cour : Mais Dieu trouva le moyen de rendre (comme nous dirons en son lieu)

leurs troisiémes efforts aussi inutiles, que
les premiers & les seconds ; & s'en servant à propos pour me transporter ailleurs, me donner le moyen de semer ses
verités en d'autres lieux.

CHAPITRE NEVFIESME
contenant

*Les Maximes tenuës & enseignées par
l'Autheur, long temps devant son
union à l'Eglise Reformée, touchant
les Traditions humaines, & les articles, ordonnances, ceremonies, &
pratiques, adjoustées par les hommes à la foi, & à la loi de Iesus Christ.*

NE prenant point ici le mot de traditions, pour des ordonnances de
Dieu, & des articles de foi, qui par fois
portent ce nom dans l'Escriture, comme donnez de Iesus Christ & des Apostres, de vive voix tout ensemble, & par
escrit, ainsi qu'il est facile de verifier par
les mesmes lieux, où ils sont apellez des

1. Cor.
5.
2. The.
3.
A&.15.
16. &c.

Traditions; mais le prenant felon la
fignification qui paffe à prefent pour la
plus commune,& qui fait entendre fous
ce mot, des ftatuts & des articles nouveaux, foit de foi, foit de loi, adjouftés
par les hommes à la foi, & à la loi de
Iefus Chrift; tels que font mille cultes
& ceremonies Romaines, mille obligations à des vœux indifcrets & illegiti-
mes, à des jufnes forcés, & à des œuvres, fatisfactions, & devotions controuvées, mille inventions de rubriques
& de methodes, & mille fuperftitieufes
& inutiles pratiques, que les hommes
les uns aprés les autres, foit à bonne,
foit à mauvaife intention, foit par foibleffe, foit par ignorance, foit mefme
par hipocrifie, ont pris la hardieffe d'introduire dans la Religion Chreftienne:
Voici à peu prés les maximes & les
principes, que dans la veuë du defregle-
ment qu'il y avoit, & de leur multipli-
cation non feulement exceffive, mais
dangereufe, Dieu me fit dés long temps
connoiftre, & puis enfeigner, felon que
mes difcours publics & particuliers, &
felon mefme que mes efcrits, foit dans

des Traités, soit dans des lettres, & quasi tous mes entretiens en peuvent rendre tesmoignage.

I. Que le plus, ou mesme le moins qu'on pouvoit dire de telles traditions humaines, estoit qu'elles estoient humaines, c'est à dire n'avoient que des hommes pour Autheurs, qui ne pouuoient monstrer aucun ordre exprés de Dieu, pour y obliger les autres hommes ; & partant dés là n'avoient en effet, ni droit, ni pouvoir de les y assujettir, ne pouvans ni astreindre leur foi à les croire, ni leur conscience à y obeïr.

II. Qu'un Dieu seul avoit ce pouvoir sur les hommes, pource que lui seul l'avoit sur les ames, dont lui seul estant le Createur, estoit seul le Maistre ; & pouvoit regler par ses paroles, la foi, & par ses commandemens, les mœurs. Que cette authorité n'appartenoit, ni à un seul homme, s'il n'estoit Dieu ; ni à plusieurs, s'ils n'estoient divins, c'est à dire authorisés de Dieu mesme, qui dans ses Escritures avoit desja declaré ce qu'il faloit croire, & commandé ce qu'il faloit faire.

III. Que s'il faloit, que des traditions humaines obligeaffent les conf-
ciences, il faloit advoüer leur authorité egale, & fuperieure mefme en plufieurs chefs à la divine, puis qu'en plufieurs, elles la choquoient, en plufieurs
adjouftoient à fes ordonnances fans fes
ordres, & mefme contre eux; & ren-
doient en infinis points, fon joug infiniment pefant, quoi que lui-mefme l'ap-
pellaft leger.

Matth.
11.

IV. Qu'il faloit, fi elles avoient lieu,
& que leur obfervation fut neceffaire à
falut, que l'Efcriture fut infuffifante,&
partant defectueufe. Que Iefus Chrift
n'euft pas tout dit, contre ce que lui-
mefme à dit. Que les Apoftres euffent
teu quelque chofe de neceffaire à falut,
contre la profeffion expreffe, qu'ils ont
fait de n'en avoir celé rien. Et qu'enfin
l'Evangile, & ce qui y eft contenu, ne
fuft pas capable de fauver un fidele,
quoi qu'il foit appellé la doctrine de falut, & qu'il foit dit, la loi parfaite & accomplie, propre à rendre l'homme de
Dieu accompli, & parfait en tout.

Iean.15
16. 17.
20.

Act. 20

Pf. 18.

2.Tim.
3.

V. Que fouvent la fource de telles

traditions, & de leur obſervation, eſtoit la foibleſſe d'eſprit, la timidité du cœur, & meſme parfois l'ignorance du vraï culte de Dieu, & de la vraye juſtice. Que les hommes ne ſçachans pas bien, ou ne comprenans pas aſſez, comme dans la Religion Chreſtienne, tout cela conſiſtoit bien plus en eſprit, qu'en corps; & en foi & juſtice de Ieſus Chriſt, qu'en merite de propres œu- ***Lev. 10*** vres; avoient ou par temerité, ou par ignorance, porté leurs mains à l'encen- ſoir; voulu ſouſtenir, ou reveſtir l'Ar- che, & ſe meſler de l'ouvrage de Ieſus Chriſt, qui n'avoit pas beſoin de leurs doigts.

VI. Qu'en effet c'eſtoit une differen- ce de la loi & de l'Evangile, du Iuif & du Chreſtien, & en un mot, de Ieſus Chriſt meſme & de Moyſe; que l'un eſtoit Legiſlateur de lettre, l'autre d'eſ- prit; l'un abondoit en ombre, l'autre en verité; & que la Religion Iuifve, ayant beaucoup de ceremonies, & d'obſer- vations legales, la Chreſtienne en avoit tres peu; comme l'une faiſoit beaucoup craindre, & l'autre beaucoup aimer.

VII. Qu'ainfi avoir tant de ceremô- nies, de loix & de façons exterieures à garder, & à pratiquer, eftoit une chofe plus propre du Iuif, que du Chreftien. Que c'eftoit ramener le Iudaïfme, dans le Chriftianifme, & faire peu à peu de- generer l'Eglife, en Sinagogue. Qu'en effet plus on s'efloignoit du culte fpiri- tuel, & vrayement Chreftien, plus on devenoit Iuif, & Iuif mefme charnel, c'eft à dire vuide d'efprit, & plein de lettre. Et qu'embraffer mefme, & faire profeffion d'un grand culte exterieur, eftoit comme une marque d'avoir d'au- tant plus quitté l'interieur, ayant per- du l'efprit, n'avoir que le corps; & ayant laiffé fecher la moëlle, n'auoir retenu entre fes mains qu'un os fec, ou une chetive efcorce.

VIII. Que Iefus Chrift ne repro- choit rien tant aux Pharifiens, que le nombre exceffif, & la vanité de leurs traditions, & obfervations exterieures, lefquelles non feulement le defaut de l'Efprit de Dieu, & le defaut mefme de l'efprit de Moyfe & des Prophetes, leur avoient fait inventer & multiplier à l'excez;

l'excez; mais que l'esprit mesme d'orgueil, & de propre suffisance, d'hipocrisie & de vanité, leur faisoit augmenter & entretenir, pour attirer par là l'estime & l'admiration des hommes, & se faisans remarquer par elles, côme par de nouvelles modes, estre tenus pour des gens qui n'estoient pas du commun, en faisant des choses, lesquelles n'estoient pas communes.

IX. Que plusieurs de ceux, qui ont introduit ces sortes de traditions, & de façons de faire dans le Christianisme, que la Foi & la Loi Chrestienne n'establissent pas; pouvoient avoir esté meus du mesme esprit des Pharisiens, introduisans leurs mesmes pratiques; & que pour le moins on ne pouvoit pas les excuser de temerité, d'indiscretion & de hardiesse, d'avoir osé adjouster à la Foi d'un Dieu, de nouveaux articles: & à sa Loi, de nouveaux commandemens, lesquels aneantissoient les siens, & les chassoient de leur place, pour s'y mettre. *Math. 15. Marc: 7.*

X. Qu'en effet tel faisoit scrupule, d'avaler une goute de graisse un Samedy,

Q

ou manger un œuf en Carefme, qui n'en faifoit pas de devorer la vefve & l'orphelin, de s'enyvrer, & de vomir ou une injure contre fon prochain, ou un blafpheme contre Dieu. Que tel eftoit Religieux à rendre fon vœu à un Saint, qui ne l'eftoit pas à rendre à Iefus Chrift, ceux de fon Baptefme; & tel payoit exactement une Meffe, qui ne reftituoit ni le bien, qu'il avoit volé, ni l'honneur qu'il avoit ravi, ou ne payoit pas fes debtes. Qu'enfin il eftoit generalement veritable, que ces traditions comme les Pharifiennes avoient fait, qu'on avaloit un chameau, coulant un ciron ; & qu'en faifant femblant d'honorer le Temple, on en des-honnoroit plus hypocritement le maiftre.

Matt.
23.

XI. Qu'en fuite on ne pouvoit non plus excufer les Autheurs de ces traditions de quelque blafme, quand bien leurs inventions & pratiques ne feroient pas mauvaifes (ce qu'elles ne peuvent manquer d'eftre, fi elles font ou contre, ou mefme au deffus de la Foi & de la Loi de Dieu, & de Iefus Chrift) d'avoir voulu y affujetir avec foi le refte

des hommes, & les y aſſujetir ſous peine
meſme de peché, & d'une choſe pour
le moins indifferente, en faire une obligation de conſcience; d'un feſtu, un
point de ſalut; & pour le dire ainſi, d'un
filet, un vrai filet, & un piege, à garro- Pſ. 9.
ter & faire choper les innocens, & les 56.139.
foibles. Hardieſſe bien eſtrange, par la- &c.
quelle un homme s'arrogeoit le pouvoir
& l'authorité d'un Dieu, & dõt il n'y a-
voit, qu'une extreme ſimplicité, ou qu'u-
ne extremeignorance, qui peuſt aucune-
mẽt ou excuſer, ou amoindrir l'attentat.

X I I. Que non ſeulement la vanité
eſtoit ſouvent ſource de ces traditions
& de ces pratiques, mais la ſuperſtition meſme, & la pente que l'homme corrompu a naturelement à idolatrer, ou les autres choſes, ou ſoi-meſme.
Que tout homme naiſſant ignorant, &
foible en eſprit, naiſſoit pour le dire
ainſi ſuperſtitieux, & propre à embraſ-
ſer un culte faux, & charnel, eſtant tout
chair de ſoi-meſme, & tout erreur. Que
dependant, comme il faiſoit, de ſes ſens,
il eſtoit fort ſujet, à en faire dependre ſa
Religion; & n'ayant gueres d'habitude,

qu'à des choſes corporelles, enclin en matiere de pieté, à les preferer aux ſpirituelles, & plus porté à voir, à toucher, & à ouyr, des ceremonies, des images, & des ſons, qu'à ſimplement adorer, & croire.

XIII. Que de là, & du peu d'eſlevation d'eſprit, de connoiſſance d'un Dieu Eſprit, & de pratique d'operations ſpirituelles, venoit que l'homme dans la Religion, eſtoit ſi ſujet à eſtre charnel, c'eſt à dire, à s'attacher à une fauſſe pieté toute exterieure, ſuperſtitieuſe, & ceremoniale, à des exercices corporels fort inutiles, & à vouloir, pour le dire ainſi, toucher ſon Dieu comme ſes mains, aller à lui par des moyens, & par des voyes palpables; le prendre au corps, & lui en donner de toutes les ſortes, le reveſtir de toutes couleurs, & de tous habits, & le ſervir de toutes ſortes de modes, afin que par maniere de dire, les eſſayant & employant toutes, il ſe flatte; que parmi le grand nombre qu'il en pratique, il y en a pour le moins quelqu'une, qui lui aggrée.

XIV. Que pour monſtrer, qu'il en

est de la sorte, & qu'en effet la superstition, & pour le dire ainsi, la contagion d'idolatrie, estoit la source de ces traditions; on voyoit que la plus part avoient esté tirées & empruntées des Payens, comme en effet il est facile de le prouver, par celles qui se gardent par exemple, dans l'adoration des Saints & de leurs statuës, dans leurs dorures & revestemens, dãs les cõsecrations(comme on parle) des vivans, & dans la sepulture des morts, dans celles des Sacremens mesmes, des prieres & autres pratiques, dont la confrontation avec le Paganisme est aussi facile à faire, que leur ressemblance est aisée à voir: En sorte que ce n'est pas avoir banni le Paganisme par le Christianisme, mais l'avoir honorablement introduit au milieu de lui; & en pensant peut estre faire le Paganisme Chrestien, avoir certainement fait, le Christianisme Payen.

XV. Qu'on n'avoit qu'à faire serieuse reflexion sur ce qui se passoit tous les jours dans les Eglises, & sur la façon, dont toutes choses y estoiët pratiquées, pour y remarquer que tout y estoit, ou

Payen, ou Iuif. Que rien ne s'y faiſoit
plus par eſprit, & que toute la Religion
n'y conſiſtoit, qu'à parler beaucoup,
marmoter long temps, fueilleter des
livres, rouler des grains, alumer des
cierges, parer des autels, & en y eſtalant
la vanité des uns, contenter la curioſité
des autres. Que toute la pieté, & ſur
tout la plus hypocrite, & celle qui ſe
faiſoit le plus remarquer en ce temps,
ne conſiſtoit qu'en reforme ou de colet,
ou de chapeau, ou de cheveux, mais non
pas de cœur, à garder un nôbre infini de
rubriques, y affecter mille geſtes & po-
ſtures, & en faire de mille façons, y bien
encênſer du bois, & de la pierre, des corps
morts, & des pecheurs vivans; jetter ſur
eux force eau benite, & former mille
croix ſur toutes ſortes de creatures, prier
& parler dãs le ſervice en langue inconnuë, y faire mile tours & retours de la teſte, des yeux, & de tout le corps; y prier
ou faire prier pour de l'argẽt, y baiſer du
bois, de la pierre, & des os, ains la terre
meſme, & ſur tout donner beaucoup
aux baſſins: & qu'ainſi il n'y avoit rien,
qui ne ſentiſt bien fort ou le Payen, ou

le Iuif, parmi les Chrestiens, veu principalement que côme eux, on establissoit la Religion, en cette façon de pieté, & la justice, en ces sortes d'œuvres.

XVI. Qu'outre la foiblesse, l'ignorance & la vanité, souvent une autre source de telles traditions, & la plus grande cause de leur observation, estoit la fourbe, la ruse spirituelle, & l'hypocrisie, comme elle l'estoit parmi les Pharisiens. Qu'on couvroit souvent sous cette neige, des fumiers; & sous ces sepulchres blanchis, de puans cadavres. Que l'un estoit revestu au dehors, comme un Pontife Saint, qui au dedans estoit un Demon. Que l'autre paroissoit à un Autel, comme le Pharisien de l'Evangile, qui devroit comme le publicain, se tenir en penitent à la porte. Que tel faisoit dire des Messes, de l'argent qu'il déroboit d'autrui. Tel estoit chargé de chapelets, qui l'estoit beaucoup plus de vices; & tel jusnoit de bouche, ou faisoit semblant de jusner, qui ne jusnoit ni de cœur, y estant contraint; ni du cœur, estant un immoderé. Qu'enfin l'hypocrisie, se

Matth. 23.

Marc 12.

Luc 18.

Matt.
83.

servant merveilleusement bien, de ces pratiques, couvroit parfaitement les siennes sous elles, & faisoit ressembler beaucoup de gens, à ces coupes pharisiennes, dont le dehors estant tres net, le dedans estoit plein d'ordure.

XVII. Que l avarice ne se servoit pas moins de ces traditions, & de leur exacte garde, pour faire vivre aux despens de la simplicité des ames, mille bouches inutiles. Qu'aprés les dismes, ou à leur egal, elles estoient l'entretien de deux grands corps, qui mangent beaucoup, le clerical & le regulier, deux grands corps, qui avoient besoin de tres-grande nourriture ; sur tout, ne faisans estat (quoi que contre leurs regles & leurs canons, & contre les exemples mesmes de Iesus Christ & des Apostres) de gagner leur vie, qu'en chantant, & pratiquant de semblables ceremonies, qui leur attiroient non seulement le respect, mais les commoditez des peuples, & lesquelles leur estant beaucoup honnorables, leur estoient pour le moins aussi utiles. Qu'ainsi l'interest entretenoit l'exterieur de la religion, & les tradi-

tions en un sens, les traditions en l'autre; c'est à dire, les dons, les offrandes,
& les aumosnes, ou plustost les payemens extorquez des peuples ; la pieté,
le chant, & le culte ceremonial des
Clercs, & des Moines.

XVIII. Qu'on n'avoit, qu'à considerer
toutes ces traditions en destail, & qu'on
verroit, qu'il n'y en a point, dont l'observation & la dispense, ne causast de grandes despenses, & n'apportast un aussi
imměse, qu'infaillible revenu, non seulement annuel, mais journalier, à ceux qui
les avoient faites, qui contribuoient à
les garder, ou à les faire garder, ou mesme dispensoient de les garder. Qu'il
n'estoit pas jusques à Dieu & à ses graces qu'on n'acheptast; jusques à Iesus
Christ, sa chair & son sang, qu'on ne
vendist, comme autre fois; jusques aux
pechez, & à leurs absolutions, aussi bien
que jusques aux Baptesmes, de ceux qui
venoient au monde, & aux sepultures de
ceux, qui en sortoient, qui ne s'ache-
ptassent cher; prieres & misteres, soit
vrais, soit faux, qui ne fussent à prix
de bonne monnoye; ni bien ou mal

mefme, dont on ne tiraft tribut.

XIX. Qu'on avoit là deffus à voir, fi le fiecle des Pharifiens, fi abondant en traditions & ceremonies, eftoit beaucoup different du noftre. S'il y avoit beaucoup à dire entre ceux de ce temps là, aufquels Iefus reprochoit, *de difmer la mente, l'anet, & le cumin, delaiffans le jugement, la mifericorde, & la foi; & de devorer les maifons des vefves, fous pretexte de longues prières,* ayans beaucoup plus d'efgard à l'or du Temple, & au profit du tronc, qu'au Temple mefme, & à l'honneur de fon Maiftre; & entre ceux qu'on voyoit au noftre, n'en faire pas moins; & pratiquer mefme, plus de tours, & de retours, plus d'afperfions, & plus de ceremonies; & chanter plus haut, & plus long temps, pour faire venir à force de crier, l'or.& l'argent de toutes parts, & attirer des profelites, non tant de foi (pour le dire ainfi) que de charité; puis que c'eft de ce nom qu'ils appellent les offrandes & les aumofnes, qui rempliffent non l'Eglife, mais fes troncs.

XX. Que l'ambition & le defir de

Matth. 23.
Marc n.
Luc 11.

dominer sur les ames, aussi bien que sur les corps, d'establir ou conserver comme une espece de tyrannie spirituelle, n'avoit pas moins servi à inventer, qu'à maintenir toutes ces traditions, qui lioient necessairement un grand nombre d'hommes, à l'authorité de peu; & faisoient dependre les cœurs, de la bouche & des loix, de ceux qui affectoient de les dominer, sous pretexte de droit surnaturel, n'en n'ayant pas sur eux de naturel; & qui ne les pouvans pas tenir assujettis par la naissance, les tenoient assujettis par la conscience.

XXI. Qu'en effet on n'estoit plus en cét heureux temps, de voir guéres de charitables peres de famille, & de doux Pasteurs de troupeau, qui conduisissent par esprit d'amour leurs enfans, & qui n'escorchassent pas leurs brebis. Qu'on s'estoit oublié du mot de Iesus Christ defendant de les dominer, & de ceux de Saint Pierre commandant *de paistre le troupeau, non point par contrainte, mais par amour, & de ne dominer pas sur l'heritage du Seigneur, mais en estre le Patron.* Que tant de loix, &

Matth.
20.

1. Pier.
5.

de traditions humaines n'avoient mis
dans les mains de ces Peres & de ces Pafteurs, que des verges & des baftós, pour
ne dire pas du fer &du feu, & qu'auffi les
enfãs & les aigneaux, ne fçavoient plus
rien faire fous eux que gemir, & que
trembler. Qu'il falloit prendre garde
à l'econome de l'Evãgile battant les enfãs & les ferviteurs, en l'abfence du pere
& du maiftre ; & qu'au lieu de peres
fpirituels (comme l'on parle) on n'euft
des Princes temporels, & non pas mefme des plus doux.

XXII. Que pour cela on voyoit,
jufques à quels excez ces traditions humaines eftoient venuës, d'eftablir des
Monarques fpirituels, plus Souverains
mefmes, que les temporels. De faire
prendre des hommes, pour des Dieux;
& des gens qui avoient erré, & er-
roiẽt tous les jours, pour des infaillibles.
D'attribuer la puiffance du glaive à des
Pafteurs, & les faire reconnoiftre plus
maiftres, que peres. Donner aux hommes non feulement l'authorité de juger
des hommes, mais de juger Dieu ; &
de foumettre à la fienne, celle de fes

ïſcritures. Leur deferer le droit d'adjouſter, ou de diminuer à ſes paroles, & de donner aux leurs, la meſme authorité, qu'aux ſiennes. Reconnoiſtre, qu'ils pouvoient faire de nouveaux articles de Foi, ou en alterer d'anciens. Leur donner puiſſance abſoluë ſur les ames, & ſans la reſtreindre meſme à ce monde, dans lequel toute puiſſance humaine trouve des bornes, l'égaler par tout à celle de Dieu.

XXIII. Que l'excez n'eſtoit pas moindre, d'obliger les ames à l'obſervation de mille petites choſes, ſous peine de tres grands pechez, à des juſnes forcez, à des abſtinences ſuperſtitieuſes, à d'indiſcretes auſteritez, à des obeyſſances, & à des celibats côtraints, à de pauvretez & des cloſtures miſerables, à des irregularitez & formules controuvées à plaiſir, à des recitations de Pſeaumes, & de prieres par compte, à des invocations & adoratiós des creatures, & à mille choſes, leſquelles paſſant meſme au delà de l'indifference, choquoient autant la Loi de Dieu, que la raiſon; la grace, que la nature; & autant la pieté, que la liberté Chrestienne.

XXIV. Qu'en effet le joug de ces traditions estoit tel, qu'il assommoit les plus forts, & estoit aussi peu portable à des Chrestiens, que celui des traditions Pharisiennes l'estoit à des Iuifs. Que la condition presente des uns, n'estoit pas meilleure que celle des autres, & qu'aussi leurs gemissémens estoient fort esgaux. Qu'il faloit de deux choses l'une, ou que le joug de ces traditions, ne fust pas celui de Iesus Christ, ou que contre la parole de Iesus Christ mesme celui de Iesus Christ ne fust pas leger. Matth. Qu'il n'y avoit que la contrainte, qui le ſi. fit porter ; & que la crainte qui empeschast de le secoüer, & de le maudire. Que tout le monde crevoit dessous, sans que personne osast s'en plaindre, tant sous pretexe de devotion, comme toute superstition estoit legitime, toute cruauté estoit pieuse.

XXV. Qu'il n'y avoit rien de si facile à prouver, que ce gemissement universel des peuples, sous tant de payemens de Messes, de Baptesmes, de mariages, de services & de chants. Sous

tant d’offrandes, de chers enrollemens
de confrairies, & d’entretiens de lam-
pes, de luminaires, de baſſins d’ames &
du ciel & de l’enfer, & autres banques
ſpirituelles. Mais combien plus ſous tant
de divers Cõmandemens de Feſtes, de
Meſſes, de confeſſions & de juſnes; ce
qui n’eſtoit rien au prix de la contrainte
de tant d’innocens priſonniers ſous les
vœux & les cloſtures, ſous mille conſtitutions & obligations faſcheuſes;
ſous la rigueur de tant de puiſſances
ſuperieures, de methodes & de pratiques de devotion humaine, & ſous
mille façons & ceremonies, qui geſnẽt
le corps, lient l’ame, & tiennent tout
l’homme contraint, le faiſant d’un
Chreſtien, un Iuif; d’un libre, un eſclave, & d’vn innocent, un mal-heureux.

XXVI. Que la multitude meſme de
ces traditions eſtoit telle, qu’on n’en
ſçavoit pas le nõbre; Qu’on en voyoit
des livres entiers, gros comme des Codes, & que bien loin de les pouvoir
toutes garder, à peine les pouvoit on
lire. Que la multitude en grevoit la memoire, hé combien donc plus le cœur?

Que Moyſe n'en avoit pas tant donné
au peuple Iuif, appellé à porter comme
un bœuf le joug de la loi ceremoniale,
comme le peuple Chreſtien en avoit
receu des gens, qui n'eſtoient pas égaux
à Moyſe, & le peuple Chreſtien appellé comme un aigneau, à ne porter ſur
ſon dos que ſa toiſon, ou s'il eſt appellé
à porter un joug, ne debvant porter que
celui de Ieſus Chriſt, qu'il a eſté ſi ſouvent dit, que Ieſus Chriſt appelle leger.

XXVII. Que s'il les falloit toutes
garder, il ne faudroit jamais faire autre
choſe, que de ſonger à des Canons, & à
des Rubriques: que reciter des Roſaires,
& gaigner des Indulgences ; ſe voüer à
chaque moment à quelque Saint, ou à
quelque Chappelle; tenir tous ſes pas,
ou ſes paroles en côpte, eſtre toûjours à
ſaluer des images, ou des croix, & tenir ſon corps & ſon ame en continuelle geſne. Que meſme il faudroit pratiquer ſouvent en meſme où en divers
temps, des choſes tout à fait contraires,
tant les traditions s'accordoient bien,
ſur tout ſi on pretendoit (comme la plus
grande pieté y aſpiroit) s'obliger à
imiter

imiter toutes sortes de Saints à la fois,
& embrasser tous leurs cordons,& tous
leurs rosaires, porter tous leurs habits
differents & en façon, & en couleur, &
estre de toutes leurs confrairies avec
plus d'ardeur, qu'on n'estoit de la grāde
& de l'unique,qui est celle de l'Eglise.

XXVIII. Que quand mesme il se-
roit ainsi, que des traditions eussent des
Saints pour Autheurs ; les Saints n'e-
stoient pas la regle des autres Saints,
mais bien le Saint des Saints. Qu'ils
n'estoient pas des Dieux, mais bien l'u-
nique vrai Dieu , le Dieu vivant, & le
Fils qu'il a envoyé. Qu'ils n'estoient pas
nos Seigneurs , mais bien Iesus Christ
nostre Seigneur,duquel ils estoient avec
nous les serviteurs ; & que ce n'estoit
pas d'eux, mais de lui, qu'il estoit dit &
escrit, *escoutez-le.*

XXIX. Que les Saints, pour Saints
qu'ils fussent, n'estoient pas des infaillibles, puis qu'il constoit par les Escritures, que des plus Saints d'entr'eux
avoient failli. Qu'ils pouvoient avoir
dit, & fait beaucoup de choses, ou
dans l'estat de foiblesse, ou dans les

R

ombres mefme de l'ignorance, dans lefquelles ils ne devoient pas eftre imités,
ni eux mefmes ne pretendoient pas de
l'eftre; n'y en ayant gueres, qui n'ayent
trempé, ou en quelque fuperftition, ou
en quelque erreur; & qui n'ayent efté
fujets à s'égarer, dés qu'ils fe font de-
tournez du droit chemin des Efcritures, & qu'ils ont voulu faire quelque
chofe au deffus, ou au delà de ce qui y
eft compris.

X X X. Que tout exprés Dieu avoit
permis pour chaftier l'audace des hommes, ou pour efprouver leur foi, ou
leur force, ou par quelque autre forte
de jufte jugement fur fon Eglife; que
des gens de bien ayent par fois donné
quelque commencement, ou pente à
des erreurs, & à des abus: fur tout
quand ils ont introduit des devotiõs, &
des ceremonies nouvelles, ou ne fè con-
têtans pas de celles des Efcritures, ou ne
prenans pas affez garde aux confequen-
ces, & aux portes qu'ils ouvroient, diffi-
ciles à fermer, faciles à eflargir, & dan-
gereufes pour les petits fentiers, qui s'é-
cartans des Efcritures, faifoient efgarer

du grand chemin.

XXXI. Qu'il n'estoit pas mesme improbable, que des gens de bien avoiët mal fait, en pensant bien faire, & avoient nui à la Foy, croyant y servir. Que le defaut de suffisante lumiere & l'abondance du zele, faisoient faire souvent de semblables fautes, en affectant d'introduire des nouveautez, dans une pieté & Religion ancienne. Que sous couleur de perfection, de grandes imperfections se glissoient, ainsi que souvent des vices se couvrent du nom des vertus. Qu'il estoit visible, que sous ce pretexte de plus grande perfection, & plus grand merite, s'estoient glissez les vœux clauftraux, & le joug Cenobitique. Que des choses au commencement de devotion, avoient passé en obligation, comme les jusnes, les abstinences, les confessions, & les austeritez particulieres. Que d'un point de bienseance & de choix, on en avoit fait un devoir, & une necessité; & souvent mesme des choses, qui dependoient de l'apel & du don de Dieu, une obligation humaine. que la Loi Ecclesiastique du Celibat de l'Eglife,& du Cloitre le prouvoit ; & qu'enfin il n'eftoit rien de fi aifé , ou que d'abufer des bonnes chofes , ou que d'en introduire des mauvaifes.

XXXII. Que Satan pouvoit s'eftre fervi de cette rufe, ne pouvant pas renverfer le Chriftianifme,& fon vrai culte, par la violence des perfecutions de dehors, de l'alterer peu à peu par les erreurs du dedans, en y introduifant par la foibleffe, & par l'ignorance mefme de quelques hommes de bien,mais fimples, une pratique facile à degenerer en fuperftition, ou laquelle mefme l'eftoit, & multipliant fi fort l'exterieur, que le corps venoit à eftouffer enfin l'efprit, & les couvertures le malade : Que le fervice corporel furpaffant infiniment le fpirituel, l'accabloit bien toft de fon poids, & qu'une ceremonie adjouftée à l'autre, comme une goutte d'eau à une autre goutte,eftoient enfin en danger de creufer, ou de noyer, ce qu'on appelloit la pierre, & le vaiffeau de l'Eglife.

XXXIII. Qu'en effet le poids de ces traditions, en eftoit fi grand, qu'on

ne pouvoit plus le porter. que tout le
monde foûpiroit deſſous, & que neantmoins chacun au lieu d'oſter quelque
peu du fardeau, y avoit tousjours adjouſté, & y adjouſtoit. que tous les jours
les traditions groſſiſſoient, & qu'on
voyoit naiſtre dans la Religion de nouvelles pratiques, comme dans le monde
de nouvelles modes; & ce qui eſtoit
bien pis, que les nouvelles ne chaſſoient
jamais les anciennes, mais qu'il faloit
tousjours tout porter, la ſuperſtition ne
ſe deffaiſant jamais de rien, & ne diſant
jamais *c'eſt aſſez.*

XXXIV. qu'en effet la choſe en
eſtoit venuë à telle extremité, que ſi on
avoit enlevé à la Religion Romaine
l'exterieur, & l'exterieur qu'on avoit
adjouſté à celui de l'Evangile, on lui enleveroit tout, & on l'enleveroit toute
elle-meſme. qu'elle n'eſtoit plus que
croix, que chapelets, qu'autels, qu'images, que reliquaires, que medailles,
qu'indulgences, que proceſſions, que
ſon d'orgues & de cloches, que plein
chant, qu'habits & que parures; & enfin
que corps ſans eſprit, qu'ombre ſans

verité, & qu'apparence & phantofme, fans eftre reel & vivant, faite femblable aux ftatuës qu'elle adore.

XXXV. Que le meilleur eftoit fans doute de revenir au premier eftat. De remonter à la fource, & de reprendre le premier efprit, dans lequel Iefus Chrift avoit lui mefme fondé fa Religion; dans lequel il l'avoit donnée à fes Apoftres, & fes Apoftres l'avoient laiffée à leurs fucceffeurs. Que comme lors qu'un enfant, ou qu'un malade eftoit eftouffé, ou des couvertures, ou de fes habits, le meilleur & le plus court remede, eftoit de le defcouvrir, & le depoüiller des chofes fuperflues, qui l'oppreffoient; le plus court & le meilleur remede auffi, eftoit d'ofter au Chriftianifme, ce qui l'eftouffoit, & ce qui avoit efté mis de trop pefant deffus lui, & adjoufté par les hommes, ou pluftoft par Sathan fe fervant des hommes, à la Religion d'un Dieu, qui en l'habillant peu (pour parler de la forte) l'avoit voulu faire plus librement refpirer, Sathan n'ayant vifé, qu'à l'eftouffer en la couvrant.

XXXVI. que le dechet du Christianisme venoit tout, de ne s'estre pas contenté d'estre tel, que Dieu mesme l'avoit fait : Et de ce que les hommes avoient creu, pouvoir adjouster quelque nouveau trait à sa beauté, qu'on n'avoit fait que gaster en la fardant. qu'il faloit s'estre contenté de sa face naturelle, sans la peindre. que tant revestir la Religion Chrestienne, n'avoit fait que la deguiser. que son esprit nud estoit plus beau, que son corps bien habillé. que tant de couleurs estoient plus propres à une fille vaine & volage, qu'à une espouse sage & serieuse ; & qu'enfin tant de changemens & de bigarrures de corps & d'habits, n'estoient pas la marque d'un esprit plus sage, & plus arresté.

XXXVII. Que c'estoit pour le moins une grande hardiesse, que d'avoir osé toucher à l'œuvre d'un Dieu, qu'un Dieu seul a voulu, & a peu faire. D'avoir creu y pouvoir adjouster quelque nouvelle perfection, ou mesme le moindre lineament. que n'ayant ni sa main, ni son burin, ou son pinceau,

c'eſtoit une grande temerité de pretendre pouvoir graver, ou peindre auſſi
bien, ou mieux que lui. Que ce n'eſtoit
rien moins que blaſphemer, que penſer
que Ieſus Chriſt n'euſt pas tout dit, &
tout fait, ou n'euſt pas tout aſſez bien
dit, ou aſſez bien fait. Que ſon ouvrage euſt beſoin d'aide, & qu'il l'euſt meſme laiſſé imparfait, comme ſi ſa main
ſe fut ou laſſée ou affoiblie, & dans
ſa laſſitude & ſa foibleſſe, euſt eu beſoin
d'eſtre ſecouruë, & fortifiée de celle
des hommes. Que c'eſtoit enfin une
grande preſomption, d'avoir creu pouvoir achever, ou embellir ſon ouvrage,
& lui faire ce grand tort, que de donner à entendre, que quelque trait neceſſaire lui manquoit.

XXXVIII. Qu'à moins d'eſtre in-
jurieux à Dieu, à Ieſus Chriſt, & à leur
Eſprit dans leurs Eſcritures, on ne pouvoit point les accuſer d'inſuffiſance &
de defaut, ſoit dans la diſpenſation des
points concernans la foi & la doctrine,
ſoit en l'eſtabliſſement des choſes, qui
regardoient le ſalut & la conſcience, &
partant qu'on ne pouvoit point, y ad-

jouſter ou diminuer ſans leur faire un tort, qu'il n'y avoit que l'ignorance qui peuſt aucunement excuſer , & la ſimplicité amoindrir. Qu'à moins d'avoir recours à ces foibles cauſes, nul ne pouvoit eſtre exempt de tres grand blaſme, d'avoir adjouſté à la loi de Dieu, contre ſa defenſe; & à l'ouvrage du Fils duquel il eſtoit eſcrit, *qu'il a tout bien fait;* comme il eſtoit eſcrit du Pere, qu'il vid toutes ſes œuvres , & qu'*elles eſtoient toutes bonnes.* Deut. 4.5 &c. Marc. 7 Gen. 1.

XXXIX. Que la cauſe de toutes les erreurs, tant en la foi , qu'en la loi, eſtoient de s'egarer de Ieſus Chriſt verité & voye, de biaiſer du niveau de ſon Evangile, & de vouloir autrement parler ou faire, qu'il n'a dit & fait, lui qui a ſi bien commencé & achevé , de tout faire & de tout dire. Que c'eſtoit une eſtrange preſomption , que de croire mieux parler que celui, qui eſtoit la parole & la verité de Dieu, & mieux faire que celui, qui eſtoit ſa vertu, & ſa ſageſſe. Que ce ne lui eſtoit pas encore une moindre injure, de penſer qu'il manquoit quelque choſe à la perfection de Act. 1.

fa doctrine, & de ſes enſeignemens ; & que des hommes peuſſent ſuppleer à ce defaut, & par conſequent & mieux dire, & mieux conduire qu'un Dieu-homme.

XL. Que ſans doute les hommes penſans pouvoir adjouſter à la parole & aux ordres d'un Dieu quelque choſe, ne ſe ſouvenoient pas d'eſtre des hommes, non ſeulement qui ne ſont pas Dieu, ni ne ſe doivent jamais comparer à lui, n'eſtans que neant & que pouſſire, mais encore eſtans faillibles & errans, & n'eſtans propres d'eux-meſmes, qu'à gaſter comme de mauvais ouvriers une beſongne, & à deffaire proprement, ce qu'un Dieu ſeul peuſt faire bien : En un mot, détruire l'œuvre, où ils veulent meſler leur main à la ſienne, ſur tout y pretendans adjouſter.

XLI. Qu'en effet les hômes avoient tant fait, qu'ils avoient gaſté l'œuvre du Dieu-homme, & l'avoient quaſi defait, s'il n'euſt eſté (pour le dire ainſi) de matiere incorruptible, ayans tellement alteré la Religion Chreſtienne du meſlange de toutes les autres, que quaſi ce dont elle ſe ſentoit le moins, eſtoit d'eſtre ce qu'on la nommoit ; ſon exterieur eſtant tout, ou ſi corrompu , ou ſi fort multiplié, qu'il ſembloit qu'on ne vouluſt la faire prédre deſormais, que pour Iuifve, ou pour Payenne. Que n'ayant pas tenu à Satan & au monde, de l'abolir tout à fait, mais n'ayans pas peu le faire , ils l'avoient pour le moins alterée de telle ſorte, que ce dont les perſecutions n'eſtoient pas venuës à bout, les inventions humaines l'avoient fait, & ſes domeſtiques, lui avoient peut eſtre autant nui, que les eſtrangers.

XLII. Que ce point eſtoit aſſez difficile à decider, à ſçavoir ſi en effet, ceux qu'on tient pour ſes enfans, lui ont quelque fois moins nui, que ſes ennemis, penſans peut eſtre meſme la favoriſer. Qu'il eſtoit certain, que ſouvent la langue & la main des ſiens, lui pouvoient avoir plus prejudicié par accident, que le fer & le feu de ſes adverſaires par deſſein ; & que pluſieurs bons hommes , ſoit des anciens , ſoit des nouveaux ſiecles, lui avoit peut eſtre fait autant de mal à bonne intention,

que des meſchans. Que pour le moins
le mal en eſtoit d'autant plus dange-
reux, qu'il eſtoit interieur, & paſſoit
meſme pour un grand bien. Que par
fois en voulant appuyer une muraille,
on l'esbranloit; & en penſant remettre
un malade, ou à force de l'eſchauffer,
ou à force de le nourrir, on le tuoit, ou
en le couvrant trop, ou en le faiſant
trop manger.

XLIII. Qu'enfin, ſans qu'il fut beſoin de ſe mettre tant en peine, quels
avoient eſté les hommes, qui avoient
inventé, & eſtabli ces traditions; puis
qu'il conſtoit, qu'elles n'eſtoient pas
authoriſées de Dieu par l'Eſcriture,
elles ne pouvoient pas lier les conſciences; ni des hommes impoſer de
nouveaux fardeaux de loix, & de commandemens obligeans, aux autres
hommes. Que ce n'eſtoit pas à eux à
former, & donner des occaſions de
nouveaux pechez, en donnant de nouvelles obligations; ni à pretendre de
marcher de pair avec Dieu, s'arrogeans
ſon authorité, & beaucoup moins relever la leur, par deſſus la ſienne, comme

souvent celle qu'on faisoit passer pour Ecclesiastique, prenoit ce rang, & se faisoit mieux garder, que la divine.

XLIV. Que les Saints mesmes s'ac-cordans tous dans cette maxime, qu'en matiere de foi & de loi Chrestienne, & en matiere de Religion & de verité, il n'estoit pas question, de ce que disoit celui-ci, ou celui-là, mais bien de ce que disoit celui, duquel il est escrit *le Seigneur dit*; ni de se mettre en peine des paroles des hommes, que celle d'un Dieu n'authorisoit pas; il n'y avoit qu'à la suivre, non pas tant pour ce qu'ils la disoient, que pour ce qu'elle estoit en elle mesme veritable, & comme telle authorisée des Escritures; & que par consequent on ne se devoit pas con-duire en matiere de foi, & de vraye pie-té, ni par paroles, ni par coustumes hu-maines, Iesus Christ ne s'estant pas dit la coustume, mais la verité; & la vieil-lesse de la coustume n'estant souvent qu'une marque de la vieillesse d'un er-reur.

XLV. Que s'il faloit s'arrester, à tout ce qu'ils ont dit, ou pratiqué, il y auroit

S. Aug. contra Cres. lib. 2 c.

Item de uni-tate Ec clef. c. 3. &c.

S. Cyp. lib. 2. Epist. 3

un infini travail à le recueillir, & à l'apprendre, & beaucoup plus à l'imiter. Que mefme on feroit fouvent en peine à les accorder, non feulement entre eux, mais par fois avec eux mefmes. Qu'il faudroit qu'un homme fût plufieurs (pour le dire de la forte) afin de fe donner à tant de gens à la fois, & pour fuivre fouvent & de fi differens guides, & de fi contraires chemins. Mais que l'Evangile eftoit court & net. Qu'il n'y avoit qu'à le fuivre auffi fortement, que purement, & autant fans crainte de fe mefprendre, que fans danger de s'efgarer. Qu'un Dieu feul, & Iefus Chrift feul, eftoient tousjours, & en eux, & hors d'eux, les mefmes, & leurs fentimens auffi immuables, qu'infaillibles; eftant efcrit que *leur verité demeuroit à jamais*, & que *leurs paroles ne paffoient point, encore que le ciel & la terre paffent.*

Pfe. 16.
Luc. 21

XLVI. Qu'ainfi pour fe delivrer tout enfemble, & de danger, & de peine, il n'y avoit qu'à fuivre l'Evangile pur. Qu'à jetter fur lui les yeux, & le prendre pour modelle. Qu'en le copiant, on ne

tiroit qu'un bon & parfait original, &
qu'on ne se pouvoit mouler sur un meilleur exemplaire. Qu'il estoit impossible
d'errer, l'ayant pour guide : & de marcher en tenebres, l'ayant pour Soleil.
Que Iesus avoit dit qu'il estoit verité,
& partant qu'il le faloit croire ; qu'il
estoit voye, & que par conséquent il fa-   Iean 14
loit le suivre, pour l'atteindre & ren-
contrer vie. Que puis qu'il avoit parlé,
il suffisoit ; qu'on avoit bien assez de
cét unique Docteur, que les deux
Testamens nous obligeoient d'escouter, & qui seul avoit *les paroles aussi bien*
de verité eternelle, que de vie.   Iean 6.

    XLVII. Que quand on ne croiroit,
que ce qu'il a dit ; & qu'on ne fairoit
que ce qu'il a ordonné, on ne pouvoit
point estre blasmable. Que nul ne pourroit avoir raison de dire, qu'on ne
creust, & qu'on ne fit bien ; & mesme
qu'on ne creust, & ne fit assez, personne
ne se trouvant mesme si parfait, qu'il
s'en acquitast en perfection absoluë ; &
nul ne pouvant se formaliser avec justice, de celui qui protesteroit, ne vouloir
pas estre plus juste. Ce qui seroit cer-

tes l'eſtre non ſeulement aſſez , mais beaucoup , & eſtre tout ce qu'il faut, puis qu'on ſeroit, ce qu'un Dieu veut, & qu'il n'eſt pas juſte de penſer, qu'un homme puiſſe faire plus, que croire ce qu'un Dieu dit , & faire ce qu'un Dieu commande.

XLVIII. que Ieſus Chriſt ſçachant bien mieux que nous, ce qu'il nous faut , n'avoit manqué, ni de pouvoir, ni de vouloir, à nous laiſſer tout ce qui nous eſtoit neceſſaire. qu'il ſçavoit mieux que nous ce que c'eſtoit que Religion, & en quoi conſiſtoit parfaitement ſon eſſence. Qu'il n'y avoit donc qu'à s'en tenir, à ce qu'il en avoit dit, & eſtabli ; ſans nous divertir à d'autres choſes, & nous mettre en peine, ou d'introduire des nouveautez , ou d'authoriſer d'autres pratiques, que les ſiennes. Que puis qu'il ſçavoit la force de nos eſpaules, il nous avoit fait ſans doute noſtre juſte charge, à laquelle il ne nous eſtoit permis , ni d'adjouſter , ni d'oſter.

XLIX. Qu'il eſtoit à deſirer, que la Primitive Egliſe revinſt , & cét ancien eſprit du premier , & pur Chriſtianiſme, auquel

auquel il n'y avoit pas tant de regles &
de methodes à garder; mais *la regle de
l'Israel de Dieu, la loi de l'Esprit de Iesus,* la
vigueur de sa discipline & de sa parole,
l'ame vive de son Evangile, l'imitation
parfaite de sa pratique, le peu d'exterieur, que lui, & ses Apostres avoient
establi, dans la simplicité d'un Baptesme, & d'une misterieuse Cene; dans la
sainte assemblée pour la priere, pour la
loüange, pour la parole, pour la fraction
du sacré pain, pour la communion, &
pour la conduite du troupeau esleu en
charité, & paix mutuelle; en bons exemples, & en saints avis; en douce authorité, & en humble obeïssance; par esprit
de grace & d'amour; sans crainte, aussi bien que sans contrainte; & sans re-
bellion, aussi bien que sans empire. Exterieur petit & grand tout ensemble;
foible en apparence, mais fort en verité
& en vertu, digne d'un Dieu Esprit, &
d'un Dieu esprit fait chair: Enfin d'un
Iesus Home-Dieu tout spirituel, & tout
celeste.

L. Que c'estoit en effet là, la vraye
Religion digne d'un Iesus Christ, &

digne auſſi d'un Chreſtien. **Religion**
Chreſtienne diſtinguée par ſon Eſprit,
& par ſa grace, de la Iuiſve, qui n'eſt que
loi, & que rigueur. Diſtinguée par l'Eſprit vivifiant, de la Iuiſve, qui n'eſt que
lettre tuante. Diſtinguée par ſon culte
ſpirituel, de la Iuiſve, qui eſt toute dans
le corporel; & diſtinguée d'elle & de ſa
ſainteté legale, & exterieure, par ſa
ſainteté interieure, & ſpirituelle.

LI. Qu'ainſi ne fut, s'il faloit regarder de prés toutes ces traditions adjouſtées, on les trouveroit pour la plus
part, plus inutiles, qu'utiles, & plus propres à engendrer l'idolatrie, & la ſuperſtition, qu'à conſerver la Religion: que
de là eſtoit venuë l'adoration des creatures, la confiance au bois & en la pierre, l'appui ſur ſes propres merites, la
juſtification par ſes œuvres, une eſpece
de Manicheiſme, qui faiſoit quelques
creatures mauvaiſes, & leur uſage criminel; le Pelegianiſme, qui mettoit la juſtice & la ſainteté dans les efforts du
franc arbitre, & dans le merite de ſes
œuvres, & enfin quaſi toutes les hereſies,
qui concernoient la loi, & les mœurs.

LII. Que c'estoit chose pronon- Math.
cée par toutes les Escritures, que rien 15.
de corporel & d'exterieur, naturel &
humain, n'estoit capable de justifier,
& de sanctifier de soi mesme. Que Dieu
vouloit le cœur, du dedans duquel pro-
cedoit au vrai le bien, ou le mal, selon
que lui mesme estoit ou bon, ou mauvais. Que c'estoit de lui en suite, que
venoit le bon, ou le mauvais usage des
choses indifferentes, lesquelles la conformité du cœur de l'homme au cœur
de Dieu & à sa loi, rendoit pures, s'il
estoit pur, & au contraire son impureté
rendoit impures, son détour biaisantes,
& sa malice mauvaises.

LIII. Que comme de l'eau jettée
sur un mort, n'en ressuscitoit pas le
corps, elle ne sanctifioit pas aussi l'ame
d'un vivant. Qu'un signe de croix, ne
crucifioit pas le cœur, & la chair en Iesus Christ avec ses concupiscences.
Qu'elle ne le cachettoit pas aussi du 1. Eph.
seau de Dieu, qui estoit son Esprit. Que
ni lui, ni ceremonie aucune, ne changeoit rien ni en l'air, ni en la chair; ni
sur le bois, ni sur la pierre, ni sur les li-

S 2

vres où lon les faifoit. Qu'un tour
& retour, ne faifoient ni aller, ni venir
l'Efprit de Dieu, qui alloit où il vouloit,
& fe repofoit fur Iefus feul, & fur fes
membres. Qu'il n'y avoit point de fainteté dans les habits, ou dans les coef-
fures, & qu'on eftoit le mefme fous une
mitre, un froc, ou un voile, que fous un
bonnet, ou un chapeau. Qu'au bout
du côpte, tout n'eftoit que foye, que laine, & que filet; & que fi le cœur n'eftoit
froiffé, & humilié, on avoit beau eftre
dans le cilice, ou fous la cendre.

LIV. Que Dieu deffendoit expref-
fement tant de façons, vrais mafques
d'hipocrifie, & de tourner tant la tefte &
le col en le fervāt, de parler & crier fi fort
en le priant, d'exterminer fa face, & faire
parade d'eftre maigre: d'aftliger plus
fon corps, que fon cœur, & fe juftifier
comme un Pharifien au deffus d'un Peager.
qu'il ne vouloit point, qu'on fit con-
fifter fon plaifir & fon honneur, en re-
muement de levres, en geftes de mains,
& en ceremonies exterieures, vuides de
l'efprit de fon vrai culte, & pleines, ou
de fafte, ou d'hipocrifie. Que les moins

pieux, estoient souvent les plus superstitieux; les plus grands diseurs de prieres, les plus grands diseurs de medisances, de mensonges, & de fourbes; les plus humiliez en apparence, les plus vains, & ambitieux en verité; les plus grands jusneurs, les plus avares; & les moins unis à Dieu, les plus attachez aux ceremonies.

LV. Que comme Dieu abhorroit les impietez, les impuretez, & les excez de bouche, il se deplaisoit aussi à l'hipocrisie, & aux celibats, & jusnes contraints. Qu'il n'estoit pas un Dieu, qui se payast du blanc des yeux, du tournoyement de col, du grand cri, du haut chant, & des sacrifices du corps, sans celui du cœur. Qu'il n'estoit plus mesme le temps des sacrifices legaux, & de tant de ceremonies Iuifves, que Iesus avoit abolies. Qu'il vouloit des sacrifices d'esprit, par lesquels tout l'homme fust tousjours sien, & sa vraye hostie spirituelle. Que Iesus Christ avoit rompu le voile du Temple en mourant, & enseveli la Sinagogue, aussi bien que crucifié le vieil homme. Qu'il avoit mesme

Math. 27. Rom. 6

S 3

tué la loi en vivant, & qui plus eſt, en l'accompliſſant qui fut en effet, & ſon achevement & ſa fin.

LVI. Qu'il n'eſtoit donc plus queſtion d'un culte ceremonial corporèl, & *Iean.3.* attaché à temps, ou à lieu, Ieſus ayant dit *que Dieu eſtoit Eſprit, & qu'il faloit l'adorer en verité & en Eſprit, en tout & par tout, Dieu ſon Pere voulant de tels adorateurs. Qu'eſtans liberez de la ſervitude de* *Rom.8* *laLoi, il n'en faloit plus eſtre eſclaves; & que nous n'avions pas receu l'eſprit de crainte,* *Rom.5* *pour ſervir derechef, mais l eſprit de charité pour aymer; & pour iouyr de la ſainte liber-* *Gal.5.* *té des enfans de Dieu, qui n'eſtoit pas un libertinage, ni une exemption de liens; mais un lien plus doux, conſiſtant en une chaiſne* *1.Pier.* *d'amour, & en un ſervice de juſtice.* *2.*

LVII. Que tout l'Evangile ne preſchât qu'eſprit, que charité, & que grace, c'eſtoit choſe bien eſtonnante, qu'on fuſt tout dans le corps, dans la crainte, & dans la rigueur. qu'on fuſt devenu Iuif, en penſant eſtre Chreſtien, & qu'on n'euſt gueres retenu de Ieſus Chriſt, que ſon nom. Que ſous lui, on euſt un eſprit payen, & qu'on ne fuſt qu'eſclave en ſe disant estre son enfant. Qu'on ne se ressentoit nullement d'estre Fils par adoption de Dieu, quoy qu'on se vantast d'avoir son unique Fils pour Frere, & que c'estoit cóme en vain qu'il estoit escrit, que nous avions receu grace pour grace, la loi & l'ombre par Moyse, la grace & la verité par Iesus Christ, & que non Agar la servante, mais Sara la libre, estoit nostre mere.

Iean. 1.
Gal. 4.

LVIII. Qu'il faudroit volontiers faire revenir saint Paul, reprocher aux Iuifs leur attache à la Loy, leur confiance en leur propres œuvres, aux propres termes qu'il le leur reprochoit, en sa lettre aux Romains, depuis le chapitre deuxiesme jusques au huictiesme, & dans toute celle qu'il a escrit aux Galates; pour nous apprendre *que le vrai Israel, n'estoit pas l'Israel selon la chair, mais selon l'Esprit. Que la vraye circoncision n'estoit pas du corps, mais du cœur; & que ni la circoncision, ni le prepuce, ne servoient de rien, mais la nouvelle creature en Iesus Christ nostre Seigneur, qui nous a affranchis de la malediction de la loi, par l'avantage de sa grace.*

Rom. 3
4. 5 &c.

Gal. 2.
3. &c.

LIX. Que c'estoit destruire tout l'Evangile, Evangile de grace & d'amour, que de bastir un corps de loi si plein de charge, & de rigueur. Que mesme c'estoit dementir Iesus Christ, protestant *que son joug estoit doux, & sa charge legere*, & invitant par là les Iuifs trop chargez à venir à lui, avec promesse de les soulager. Que puis qu'il estoit facile de verifier, que le sien n'estoit pas moins pesant que le leur, si tant est qu'il le fallust prendre avec l'infini poids, qu'y ont adjousté les hommes; C'estoit en vain & leur promettre du soulagemêt, & ne nous en pas donner. Que c'estoit encore dementir tout l'Evangile, reduisant tous les commandemens de Dieu, à si peu, qu'ils n'en font que deux, voire mesme qu'un, qui est celui de la charité; & dementir saint Paul & saint Iean, les faisans si faciles & si doux, que qui aime, les emplist, puis qu'un si grand nombre de traditions les multiplie, ou en multipliant d'egaux à eux, à l'infini, impose un joug si pesant sur les espaules chrestiennes, que tout le monde en est meurtri, & crevant dessous, monstre affez, ne le porter que par force.

LX. Que ce n'eftoit pas là cette fainte liberté, & gayeté chreftienne des enfans de Dieu, à porter le joug fuave de leur Pere, ni celle des premiers Chreftiens, à porter celui de Iefus Chrift, au temps qu'il n'eftoit point furchargé de celui des hommes. Qu'il n'y avoit auffi 2. Cor. gueres plus, de *ces joyeux donneurs*, & li- 9. bres ferfs, que Dieu aime, felon l'Apôftre. Qu'il eftoit à defirer, que ce premier joug revinft, auffi bien que ce premier temps : Temps auquel on peuft defcharger ce joug, de tout le furpoids qu'on y avoit adjoufté, & ainfi fervir à Dieu, & non pas aux hommes, avec autant de contentement, que de liberté d'Efprit. Qu'on devoit defirer ce temps, mais qu'on ne devoit efperer de le revoir, que quand il plairoit à Dieu de purger fon aire, & d'en ofter, auffi bien la terre & les cailloux, que la paille, pour n'y laiffer que fon pur grain.

LXI. Que le feul moyen d'en venir là, eftoit de prendre l'Evangile, pour fa regle, & la primitive Eglife, pour fon exemplaire. Separer tout le divin de l'humain, pour quitter tout l'un, & garder tout l'autre. S'en tenir à ce que Iesus Chriſt avoit dit, & fait ; & ſe contenter de ce, dont lui-meſme s'eſtoit contenté, ſans eſtre ſi preſomptueux & ſi temeraire, que d'adjouſter, ou diminuer à ſon ouvrage ; ni ſi difficile à contenter, que de ne ſe plaire pas, à ce qui lui avoit pleu ; ne s'arreſter pas aux bornes qu'il avoit preſcrites, & faire ſi fort, ou le bon valet, ou bien plutoſt le grand maiſtre, que de vouloir plus faire, qu'il n'avoit commandé, ou commander meſme, plus qu'il n'avoit commandé, contre ſes propres cõmandemens, & ſes expreſſes defenſes.

LXII. Qu'il n'y avoit point à craindre, que la Religion Chreſtienne fuſt pour cela ou moins Religion, ou Religion moins bonne, pour n'avoir pas tant d'exterieur, & tant de luſtre. Qu'au contraire plus elle eſtoit ſimple & nuë, plus elle eſtoit divine, Dieu eſtant un Eſtre tout ſimple, & tout nud. Que plus elle eſtoit ſpirituelle, plus elle eſtoit pure, n'y ayant rien de plus pur, qu'un eſprit, & un Eſprit-Dieu ; Et enfin

d'autant plus propre de Dieu, que Dieu
eſt plus pur, plus nud, & plus ſimple
Eſprit. Qu'une Religion, qui n'avoit
pas tant de pompe, & tant d'œuvres exterieures, en eſtoit encore plus humble, & moins ſujette, tant à la vanité
qu'à l'hipocriſie, point du tout à la ſuperſtition, à la preſomption, & à la propre confiance, qu'on ne voyoit que
trop, que ces ſortes de pratiques nour-
riſſoient ; faiſans enfler les perſonnes
en l'opinion, & idée d'elles meſmes, en
l'eſtime de leur propre juſtice, & de
leurs merites, & en la vaine arrogan-
ce phariſienne, de n'eſtre pas non ſeulement du commun des Peagers, & des
pecheurs, mais du commun meſme des
hommes.

LXII. Que quand meſme des Saints
auroient fait certaines choſes particulieres à leur eſprit, & propres de leur
Apel, & de leur grace ; toutes leurs
actions ne devoient pas incontinent
paſſer en exemples, ni leurs paroles en
loix. Que certaines choſes pouvoient
eſtre bonnes pour eux, qui n'eſtoient
pas bonnes pour les autres. Que l'Eſ-

prit de Dieu avoit ses coups de Maistre, qui n'estoient pas tousjours des plus communs. Que mesme il avoit ses passages & ses marées (pour le dire ainsi) en ses Saints , qui n'arrivoient pas à toutes heures , & ne passoient pas ou en habitudes pour eux , ou en obligations & loix pour les autres. Que rien n'obligeant que l'exprez ordre de Dieu, contenu en ses Escritures , il ne faloit pas que les Saints pensassent obliger autrui par eux , ou mesme avec eux, puis qu'autrui n'avoit, ni leur Apel , ni leur grace. Qu'on n'imitoit pas temerairement, tout ce qu'ils avoient fait, & non pas méme ce que Iesus Christ avoit fait, mais qu'il n'avoit pas donné à imiter. Qu'ainsi on ne ressuscitoit pas les morts comme lui, ni on ne marchoit pas comme lui sur les flots, comme en terre ferme. On ne changeoit pas comme lui de face & d'habits en gloire , ni on ne guerissoit pas comme lui des aveugles, en leur remplissant les yeux de bouë; cóme non plus, qu'encore qu'on d'eust imiter le Pere celeste , & estre parfait cóme lui, on ne creoit pas cóme lui de

Matth.
5.

rien, & on ne rempliſſoit pas comme
lui le ciel & la terre. Que meſme on n'i-
mitoit pas Abraham eſgorgeant ſon fils,
ni Moyſe jeuſnant quarante jours ſur la
montaigne, Elie faiſant deſcendre le
feu du ciel, ou y montant ſur un char.
Qu'enfin tout Saint, & toute action de
Saint, n'eſtoit pas loi, & loi ſur tout
eternelle, n'y ayant que celle de Ieſus
Chriſt, ſelon que lui meſme & l'a dite,
& l'a faite eſcrire, qui d'euſt eſtre re-
ceuë & gardée, juſques à ce qu'il re-
vienne.

XLIV. Que ſi Ieſus Chriſt euſt voulu une Religion plus reveſtuë de ceremonies, lui meſme l'en euſt habillée, ou
ſon Eſprit par les Apoſtres apres lui.
Que s'il euſt voulu tant d'eau, tant
d'huile, tant de croix, tant de juſnes, &
tant d'autres façons adjouſtées, lui
meſme les euſt faites, & ordonnées à
perpetuité; Comme il a fait, ou ordonné celles du Bapreſme, de l'Euchariſtie,
de l'Oraiſon Dominicale, & autres en
tres petit nombre, que lui & les ſiens
ont authoriſées non ſeulement de bouche, mais par eſcrit: & qu'il eſtoit vi-

fible, que de ce qu'il n'avoit pas inftitué, ni par foi mefme, ni par eux, un plus grand exterieur en fon Eglife, c'eftoit un figne manifefte, qu'il n'en avoit pas voulu un plus grand. Qu'eftant bien autre Legiflateur que Moïfe, il avoit formé un corps autre que le fien, oppofé fon Efprit à la lettre, fubftitué la verité à la figure, la grace à la loi; & voulu retrancher à fon Eglife, & de fon Eglife tout fujet d'abus, de vanité & d'hipocrifie, auffi bien que de fuperftition, & d'erreur.

LXV. Que felon cela il faloit dire, que le meilleur eftoit fans doute, que les difciples fuiviffent leur maiftre, & un tel maiftre qu'un Dieu; & ne creuffét pas en fçavoir plus que lui, ou pouvoir adjoufter à fa fcience, & à fon ouvrage. que tenir un autre chemin, eftoit s'efgarer, & qu'il n'y avoit rien de meilleur, & de plus affeuré, que de le fuivre dans le fien. que moins on eftoit chargé du fardeau des hommes, plus leftement on portoit celui de Dieu; & que moins on eftoit arrefté des ronces humaines, plus vifte on le fuivoit, & on couroit apres

lui. qu'on ne trouvoit, ni sa croix pe-
sante, quand les hommes ne la surchar-
geoient pas; ni ses espines, & ses cloux
trop picquans, quand les hommes n'y
adjoustoient pas les leurs.

LXVIII. Que pour cela il n'estoit
pas à craindre, que la Religion Chrestienne demeurast sans exterieur, mais
moderé; & sans ceremonies, mais re-
glées. Que l'observation du Decalogue,
par l'esprit de grace & d'amour, obligeoit assez les Chrestiens, à une vie aussi
bien composée au dehors, que reglée
au dedans; mais reglée par le dedans
mesmes, & contenant le corps, par
l'esprit. que l'un & l'autre ne laissoient
pas de servir à Dieu dans la Religion,
par l'obligation commune des sinaxes,
& des saintes assemblées, pour la pratique commune de la priere, de la loüange, & de l'ouye de la parole, & de tous
les devoirs religieux & saints; par les
Sacremens & leur administration, aussi
bien que participation commune, par
l'ouye & la reception des instructions
Chrestiennes, par les tesmoignages de
vraye adoration divine, & enfin par

tous les exercices de pieté, que la primitive Eglise pratiquoit, & que toute vraye Eglise estoit obligée avec elle, & apres elle de pratiquer.

LXVII. Que tout au plus, ce ne ne seroit que se detacher des inventions humaines, pour plus s'attacher aux institutions divines. que ce ne seroit, que s'esloigner de la ressemblance à la loi juifve ou payenne, pour s'approcher d'autant plus de la pure conduite chrestienne. que ce ne seroit, qu'oster un peu au corps, pour donner plus à l'esprit, & que retrancher des superfluitez, comme qui osteroit la mousse à un arbre, pour l'emonder; ou enleveroit de la crasse à un visage, pour le faire paroistre plus beau. que mesme on ne pouvoit pas desadvoüer, qu'entre ces traditions & façons de faire, s'il y en avoit quelques bonnes, il y en avoit plusieurs mauvaises; s'il y en avoit de serieuses, il y en avoit de ridicules; & plusieurs mesmes, qu'on estoit bien en peine d'excuser de superstition, & d'idolatrie; d'avarice, ou de vanité; estant pour le moins vrai de plusieurs en particulier,

ticulier, estoient peu utiles, & de toutes en general, qu'elles estoient sur-
adjoustées à celles de l'Evangile.

LXVIII. Qu'en effet le plus
seur seroit, de ne suivre que l'Evangile, & de s'attacher uniquement aux
choses seules, qu'il enseigne. Qu'il
estoit tout Esprit & vie, vraye pieté &
Religion sans macule, dans laquelle la
chair ne profitoit de rien, & tant de
corporels exercices, estoient peu utiles.
Que quand mesme ils le seroient, leur
grand abus, leur grand nombre, & leur
grande corruption, obligeroit à y renoncer, l'Evangile n'obligeant point à
les retenir. Qu'il est vrai que la traditive
& la coustume, estoient d'estranges ma-
chines, mais qu'elles n'estoiét ni immor-
telles, ni immuables. qu'une mauvaise
tradition n'estoit pas à preferer à une
bonne creance; & que la coustume ne
pouvoit, ou pour le moins ne devoit jamais prescrire côtre la verité, & la raison.
Que les Grecs & les Romains, avoient
bien quité la coustume d'idolatrer, aprés
quatre ou cinq mille ans, c'est à dire, a-
prés plus de quaráte, ou cinquáte siecles

Iacq. 4.
Iean 6.
1. Tim.
4.

T

de tradition, & qu'on la pouvoit, bien plus facilement perdre aprés dix ou douze, n'est qu'on retinst plus, ce qu'on avoit possedé moins ; ou qu'on fut plus Idolatre & Payen, que n'estoient Rome & Athenes.

LXIX. Qu'en matiere de verité, il n'y avoit tradition qui tinst, ni quand il estoit question de salut, coustume qui deust empescher. Qu'autrui n'estoit ni sauvé, ni damné pour nous, ni nous pour lui. Que ce n'estoit pas aux enfans, de s'informer des voyes tenuës de Dieu sur leurs peres, ni à les suivre, s'ils s'y estoient esgarez. Qu'ainsi jamais le Paganisme n'eust cessé d'idolatrer, s'il eust voulu imiter ses ayeux ; ni les disciples n'eussent creu à Iesus Christ, s'ils eussent voulu tenir aux Rabins. Qu'il faloit surmonter tout obstacle, ou de traditive, ou de coustume, pour voler à Dieu, & suivre sa parole, & sa verité. Que quand le temps en seroit venu, ainsi que je le croyois proche, il faloit revenir au premier Christianisme, & à l'estat pur d'adorer Dieu en esprit & verité, Iean. 4. comme il estoit esprit & verité ; & ne resister pas par la vaine crainte, à la charité, & par la coustume & la nature, à la grace.

LXX. Que saint Paul, & tous les Apostres avoient bien plus de raison, d'estre attachez à leurs traditions; & que neantmoins la loi de grace & d'esprit venant, il les avoit bien quittées. Que la loi de grace & d'esprit estoit toûjours, & revenoit (pour le dire ainsi) tousjours, tandis que l'Evangile avoit vogue; & qu'ainsi il faloit tousjours tascher de se regler selon la loi divine, plus que selon les humaines. Qu'on ne sçauroit estre assez exact à la garder, & que c'estoit en relachant de sa rigueur, & de sa pureté, que tous les abus, & toutes les corruptions s'introduisoient, & s'estoient introduites, & dans la foi, & dans les mœurs.

LXXI. Qu'enfin, il estoit extremement à souhaiter, que le temps revint, de n'avoir que l'Evangile pour regle, & de n'estre obligé, qu'à vivre Chrestien. Qu'il n'y auroit rien de si beau, que de voir faire toutes choses, selon qu'elles avoient esté instituées, sans diminuer &

adjouſter à l'Eſcriture, comme l'Eſcriture meſme le dit. Que cela pourroit bien
arriver quelque jour, & Dieu faire cette
grace au Chriſtianiſme, de n'eſtre plus
que Chriſtianiſme, ſans meſlange, ni de
Iudaïſme ſuperſtitieux, ni de Paganiſme
idolatre. Qu'on pouvoit eſperer que
cela ſeroit, puis que l'Eſcriture promet-
toit *un dernier reſtabliſſement de toutes cho-*
ſes, une unité de foi, de loi, & de troupeau,
& un renouvellemēt dans les derniers temps
de l'Eſprit, qui avoit regné dans les premiers.

Matt. 7
Iean.
10.
Ioel 2.

LXXII. Qu'en l'eſperant il faloit
le demander, & cependant ſe deffaire
peu à peu de l'exterieur ſuperſtitieux &
idolatre ; prendre peu du moins mauvais ; ne s'attacher point à celui qui pa-
roiſſoit bon ; s'aſſeurer qu'il eſtoit tout
fort corrompu, & ſervoit merveilleuſement à Satan, & au monde, à l'erreur, à
l'avarice, & à la fourbe. Qu'il y en avoit
tres peu, qui peuſt ſervir, & moins encore de gens, qui ſe peuſſent bien ſervir
de ce peu, qui pouvoit ne leur eſtre pas
mauvais, s'ils eſtoient fort bons ; & s'ils
ne s'en ſervoient que contraints, com-

me esclaves de la loi & de sa lettre, &
comme tenus de Dieu, sous le joug des
hommes, duquel tous enfans de Iesus
Christ, pouvoient attendre de Iesus
Christ en ces derniers temps, un dernier
& total affranchissement. Que c'estoit
la pour eux,& pour moi mon esperance;
& que fondé sur le témoignage de l'Esprit de Dieu,& ses Escritures, j'en avois
l'attente, aussi bien que j'en avois le
desir.

Voilà à peu prés les maximes, que
j'ai tenuës & enseignées depuis long
temps, touchant les traditions humaines, & tous les points, soit de foi, soit
de loi, adjoustez par les hommes à la
foi & à la loi de Iesus Christ. Les preuves qu'elles ne me sont pas nouvelles,
en sont si claires, & par mes persecutions, & par mes escrits, que celui qui
a sçeu & veu les unes, & celui qui a,
& qui void les autres, n'en peut nullement douter.

Si deux Traités principaux, l'un *de la
doctrine de la grace, & de ses principales
controverses,* l'autre *de son essence & de
ses effets,* lesquels mes Adversaires ont

entre leurs mains, avec plusieurs autres papiers qui traitent cette matiere, prouvent que j'en ai tenu, tous les principes n'agueres deduits : Et si deux autres Traités aussi, l'un *de la Parole*, l'autre intitulé *les douze clefs de l'Escriture*, monstrent encore, que j'ai enseigné, & de bouche, & par escrit, ceux que j'ai recueillis touchant la Bible; un nombre que je ne sçaurois cotter, d'autres papiers, ne prouve pas moins, que les maximes que je viens d'avancer, touchant les traditions humaines, m'ont esté non seulement plus anciennes, mais plus familieres, & que c'est le point, que j'ai tousjours le plus pressé, & le plus batu, comme me semblant le plus necessaire.

Ie visois par là à beaucoup advancer en peu de temps, & m'efforçois en peu de coups, à beaucoup abbattre. Ie voyois qu'en ruïnant en general les traditions humaines, je mettois par terre beaucoup de bastimens particuliers, que la nouveauté avoit eslevés; & qu'en disposant les esprits à se contenter du pur Evangile, je les disposois à se con-

tenter d'une grande nudité, mais neantmoins suffisante.

Ie voyois encore, que pourfuivre en
detail tous les abus, estoit entreprendre un bien long voyage, & fuivre des
ennemis qui pouvoient efchaper par
mille détours, & dont la defroute particuliere, fairoit perdre autant de temps,
que la deffaite generale. Qu'ainfi le
meilleur estoit de les combattre en
commun, pour les deffaire tous à la fois,
& en plantant l'Evangile comme le
maistre arbre, faire fecher par fon ombre, toutes les mefchantes herbes d'a-
lentour. Ie me promettois, que faifant
voir, qu'il devoit feul estre gardé, on
quitteroit tout le reste ; & que des qu'u-
ne pratique de Religion, ou d'obligation, ne fe trouveroit pas estre d'infti-
tution divine, elle feroit traittée d humaine, c'est à dire tenuë pour fufpecte,
& pour dangereufe, puis que le coin
divin de l'Evangile, ne marquoit pas
qu'elle fut monnoye de bon alloy.

Par ce moyen je tendois à remettre
le culte de Dieu dans fa pureté, & la foi
& la fainteté chrestienne en la leur, par

la grande maxime de se regler parfaite-
ment, *à croire ce que l'Evangile dit, & faire ce qu'il commande.* Ce qui estoit
affranchir la foi d'erreur, le culte de su-
perstition, la conduite de tyrannie, &
la conscience de gesne. En effet il est
certain, qu'aux lieux ou ces maximes ont
fait coup, la bresche faite aux traditions
& aux loix humaines, a esté grande ; &
qu'il n'y a qu'à prier, & qu'à attendre,
que Dieu acheve en plusieurs, l'œuvre
qu'il a commencé.

C'est ce qui me fait dire souvent cette
parole à mes freres, *Prions & sanctifions
nous, & peut estre ne nous sanctifierons nous
pas tous seuls.* Qui sçait si Dieu n'a point
un grand peuple en ce royaume, aussi
bien que jadis en une ville ; & s'il n'a
point choisi, ce temps, pour cueillir une
belle moisson, en enfermer le grain en
son grenier, & emmener un grand troupeau en sa bergerie. I'en dirois d'avantage ici, s'il en estoit bien le lieu, & si je
ne reservois ce sujet pour quelque
moins long Chapitre, dont je prie
volontiers, qu'on excuse la longueur
par celle de sa matiere. Ie le finis en

redifant ce bon mot, *Prions & fanctifions nous, & peut eftre ne nous fanctiferons nous pas tous feuls.* C'eft à celui qui s'eft fanctifié pour nous, à nous fanctifier tous par lui, & pour lui, felon qu'à la veille de fa grande, & de noftre grande fanctification, qui fut celle de fon facrifice, il dit pour tous fes enfans à Dieu fon Pere, *Ie me fanctifie moi-mefme pour eux, afin qu'ils foient fanctifiés en verité. Ie ne prie pas pour ceux-ci feulement, mais encore pour ceux qui croiront en moi par leur parole, afin qu'ils foient un, cóme toi & moi fommes un.* Iean.17

Fin de la premiere Partie.

ADVIS AV LECTEVR.

LA fainte impatience, que plufieurs ont eu, de voir cet ouvrage, eft caufe, que tous n'en voyent qu'une partie, & que l'Autheur a efté contraint de le divi... plufieurs, & de le brifer ici. S'il ... attendre à ne le voir que tout entier, il euft fallu attendre, à ne le voir qu'un peu tard, la pefanteur d'une preffe, ne pouvant pas fuivre la vitefse d'une plume, & beaucoup de

choſes naceſſaires à raconter, ou à traiter,
pour faire une declaration auſsi utile qu'entiere, ne pouuant pas eſtre dites, ni en peu
de temps, ni en peu de mots.

Ce n'eſt pas que l'Autheur, au temps qu'il
avoit deſſein, de ne faire point ſa Declaration de bouche, qu'il ne la fit auſsi par eſcrit,
n'euſt fait un aſſez court abregé de ſon Apel,
& de ſes motifs, afin qu'eſtant obligé pour
des iuſtes raiſons, de l'avancer le plus qu'il
ſeroit poſsible, ſa plume la retardaſt moins;
mais comme des ouvrages racourcis ſont ſouvent defeſctueux, il lui a ſemblé qu'un recit
ſi court, ne pouvoit eſtre qu'obſcur, une
inſtruſction ſi ſuperficielle de tant d'importans ſujets, peu utile, & qu'enfin cet ouvrage
ne le contentant pas aſſez, pourroit moins
contenter autruy.

D'ailleurs Dieu ayant permis, que le deſſein qu'il avoit de publier ſa Declaration de
la langue, & de la plume à la fois, fuſt rompu,
ayant eſté obligé à faire pluſtoſt ouyr l'une,
que voir l'autre; La raiſon de faire un ouvrage racourci, au lieu d'une piece entiere,
ceſſant; & ayant tout le temps qu'il faloit
pour donner un tableau, au lieu d'un crayon;
il a creu, devoir ſatisfaire au deſir de plu-

sieurs, & à son obligation de rendre un compte assez exact, & de son cœur & de son Apel, aussi bien que de sa doctrine & de ses sentimens, à ceux ausquels il est agreable, & important de les sçavoir.

Fondé là dessus, comme il a pris la peine de refaire son ouvrage, il a pris la liberté de demander à son Lecteur, de prendre celle de le vouloir lire entier, & pour cet effet s'entretenant dans cette premiere partie, attendre avec affection la seconde, qu'il se peut promettre lui devoir donner d'autant plus de satisfaction, qu'elle lui donnera beaucoup plus d'esclaircissement. Quelques petites fautes survenues en l'impressiõ lui pourrõt déplaire, mais comme elles ne sont pas importantes, & ne consistent qu'en une addition, omission, ou transposition de quelque lettre, ou virgule, il y a suiet de presumer, que comme il est facile, que son iugement les corrige, il est facile aussi, que sa bonté les pardonne.

L'Autheur se fiant, que cette bonté fera recevoir ses ouvrages, du mesme cœur, qu'il les donne, espere que son Lecteur en prenant suiet de glorifier Dieu, & de s'edifier soi mesme, lui rendra le temoignage d'avoir honnoré Iesus Christ, & servi ses freres.

TABLE DES CHAPITRES.

CHAPITRE PREMIER.

Quelques necessaires reflexions sur ces paroles touchant Iesus liberateur. Sathan & le monde tyrans. La Synagogue dominante. Les Iuifs asservis & affranchis. Asservis par la Synagogue & par l'erreur. Affranchis par Iesus & la verité. page 15.

CHAPITRE SECOND.

Découverte du dessein de l'Autheur dans les precedentes reflexions. Leur application au temps present, & à la captivité des fideles asservis sous les erreurs & les rigueurs de l'Eglise Romaine, & affranchis par la verité & la grace de Iesus Christ, auquel

l'Autheur rend grace de sa délivrance.   page 33.

CHAPITRE TROISIESME.

L'Autheur obligé pour plusieurs raisõs, de rendre compte de son Apel, & de son affranchissement en particulier, en découvre les commencemens, & les progrez depuis vingt-cinq ans, & fait voir comme Iesus Christ l'a liberé durant tout ce temps, par sa double parole interieure, & exterieure, l'interieure, qui est sa Foi, son Esprit & sa grace; l'exterieure, qui est la parole de son Escriture.   page 51.

CHAPITRE QVATRIESME.

L'Autheur poursuivant à rendre compte de son Apel & de sa délivrance par Iesus Christ & sa parole, raconte trois poincts importans, Sa Prestrise & son Ministere; Sa separation d'avec

les Iesuites: Sa Mission & ses emplois
dans l'Eglise Romaine, & dans la
predication de l'Evangile de nostre
Seigneur; & fait un abregé tant de
ses persecutions, pour la parole, &
le soustien de la verité, que des merveilles que Dieu a fait pour l'en delivrer.   page 78.

CHAPITRE CINQVIESME.

Continuation du mesme sujet, & du recit
des voyes que Dieu a tenu sur l'Autheur, pour le separer d'avec les Iesuites, l'employer à la predication de
l'Evangile, & le delivrer des persecutions, qu'il a subies pour le soustien
de la verité.   page 105.

CHAPITRE SIXIESME.

Recueil de quelques principales veritez
touchant la Predestination & la
Grace; la Iustification, le Franc-

Table des Chapitres.

Arbitre, & le merite des œuvres, dont la predication excita de grandes & extraordinaires persecutions à l'Autheur. page 133.

CHAPITRE SEPTIESME.

Des persecutions que la predication & le soustien de ces veritez, esleverent contre l'Autheur, & des merveilleux moyens, dont Dieu se servist pour l'en delivrer. page 177.

CHAPITRE HVICTIESME.

Second recueil de quelques principales veritez & maximes, touchant divers points de Foi, de Religion, & de Pieté, dont la predication & l'enseignement causa de nouvelles persecutions à l'Autheur. page 212.

Maximes touchant l'Escriture Sainte, sa lecture, son intelligence & son usage. page 217.

CHAPITRE NEVFIESME.

contenant

Les Maximes tenuës & enseignées par l'Autheur, long temps devant son union à l'Eglise Reformée, touchant les Traditions humaines, & les articles, ordonnances, ceremonies, & pratiques, adjoustées par les hommes à la foi, & à la loi de Iesus Christ. page 235.

De l'Imprimerie de PHILIPPE BRACONIER, ce dernier jour de l'an 1650.